Christa Schnabel

WAS DICH IN WAHRHEIT

HEBT UND HÄLT

Das Buch

Im September 1974 versucht die Ärztin Dr. Christa Schnabel, gemeinsam mit ihrem Mann und den beiden Töchtern in einem umgebauten Kofferraum aus der DDR in den Westen zu fliehen. Doch die Flucht misslingt. Christa Schnabel und ihr Mann werden zu jahrelangem Zuchthaus verurteilt. Die Kinder kommen zunächst in einem Heim, dann bei einer Tante in der DDR unter. Christa Schnabel schildert in diesem bewegenden Bericht die schwersten Jahre ihres Lebens. Insgesamt verbringt sie drei Jahre in sieben Gefängnissen, darunter auch das berüchtigte Frauengefängnis Hoheneck. Eindrücklich erzählt sie, welchem Psychoterror sie ausgesetzt war, aber auch, was ihr geholfen hat, diese schlimme Zeit zu überstehen.

Die Autorin

Dr. Christa Schnabel wurde 1931 in Kötzschau bei Leipzig geboren. Sie studierte in Leipzig Medizin, arbeitete in Magdeburg und Jena, wo sie Studenten und Studentinnen in Anatomie ausbildete. Nach ihrer Inhaftierung und Übersiedlung in den Westen arbeitete Christa Schnabel als Vertrauensärztin und in der medizinischen Begutachtung viele Jahre im Norden Deutschlands. Heute lebt sie in einer Kleinstadt in Süddeutschland.

Christa Schnabel

WAS DICH IN WAHRHEIT HEBT UND HÄLT

Die schwersten Jahre

meines Lebens

in drei Jahren DDR-Haft

tredition

© Dr. Christa Schnabel

Umschlag & Lektorat: Rena Cornelia Lange

Verlag & Druck: tradition GmbH, Halenreie 40-44,

22359 Hamburg

ISBN 978-3-347-32860-0 (Paperback)

ISBN 978-3-347-32861-7 (Hardcover)

ISBN 978-3-347-32862-4 (e-Book)

Der Mond lügt

Der Mond malt ein groteskes Muster an die Mauer.
Grotesk? Ein helles Viereck, kaum gebogen,
von einer Anzahl dunkelgrauer
und schmaler Linien durchzogen.
Ein Fischernetz? Ein Spinngewebe?
Doch ach, die Wimper zittert,
wenn ich den Blick zum Fenster hebe:
Es ist vergittert!

Wolfgang Borchert

Bitte

Wir werden eingetaucht
und mit den Wassern der Sintflut gewaschen
Wir werden durchnässt
bis auf die Herzhaut

Der Wunsch nach der Landschaft
diesseits der Tränengrenze
taugt nicht
der Wunsch den Blütenfrühling zu halten
der Wunsch verschont zu bleiben
taugt nicht

Es taugt die Bitte
dass bei Sonnenaufgang die Taube
den Zweig vom Ölbaum bringe
dass die Frucht so bunt wie die Blume sei

dass noch die Blätter der Rose am Boden eine leuchtende
Krone bilden

und dass wir aus der Flut
dass wir aus der Löwengrube und dem feurigen Ofen
immer versehrter und immer heiler
stets von neuem
zu uns selbst
entlassen werden.

Hilde Domin, Bitte.
Aus: dies., Gesammelte Gedichte.
Copyright: S. Fischer Verlag GmbH, Frankfurt am Main 1987

Dieses Buch widme ich meinen beiden Töchtern und ihren Familien und nicht zuletzt meinem lieben Mann Ralf, der diesen schweren Weg mit mir gegangen ist, in Liebe und Dankbarkeit.

Inhalt

Vorwort

Die Zeilen dieser Niederschrift geben Zeugnis über die schwerste und dunkelste Zeit in meinem Leben:

Nach der missglückten Flucht aus der ehemaligen DDR im September 1974 verloren mein Mann und ich nicht nur die vertraute Nähe unserer Partnerschaft, nicht nur unser Zuhause und allen materiellen Besitz, sondern vor allem unsere Freiheit und das uns Liebste: unsere zwei Töchter im Alter von knapp 5 und 9 Jahren.

Mit der Inhaftierung wurde uns alles Persönliche abgenommen, und es begann ein zermürbender Prozess nicht endender Demütigungen und Schikanen. Wir durften unsere Kinder drei Jahre lang nicht sehen. Mein Mann und ich wurden in getrennten Gefängnissen in Bautzen und u.a. in Hoheneck untergebracht und hatten nur zweimal im Jahr die Gelegenheit, uns im Beisein von Aufpassern eine halbe Stunde zu sprechen.

Natürlich war der Entschluss zur Flucht aus der DDR-Diktatur jahrelang gereift. In unseren Berufen als Ärzte hatten mein Mann und ich zahlreiche schmerzhafte Erfahrungen hinter uns, bei denen es um Anstiftung zur Bespitzelung, um Beschränkung von Forschung und allgegenwärtige Kontrolle ging. Hinzu kam die Unsicherheit, wem zu trauen ist, und das Gefühl, sich generell nicht frei äußern oder entwickeln zu können.

Mein Mann und ich hofften, durch die Flucht aus der DDR diesem Druck zu entkommen. Ich wünschte vor allem unseren Kindern eine Zukunft freier (Berufs-) Entscheidungen, meinem Mann als Wissenschaftler die Möglichkeit, ohne Repressalien forschen zu dürfen.

Zunächst kam alles anders: Wir gewannen nicht die Freiheit, sondern verbrachten drei bittere Jahre hinter Gittern, eingesperrt mit Mörderinnen, eingepfercht in enge Zellen, dazu zahllosen Verhören, seelischer Folter und Demütigungen ausgesetzt. Die Verwahrung war darauf angelegt, uns zu brechen, unsere Würde zu beschädigen, uns klein zu halten, den Glauben an uns und unsere Nächsten zu zerstören.

Doch allen Schikanen zum Trotz wuchs langsam und unzerstörbar das kleine Pflänzchen Hoffnung: Für unsere Kinder wollte ich diese Zeit so heil wie möglich überstehen. Sie gaben mir zusammen mit meinem Glauben die Kraft, durchzuhalten und meine Würde zu bewahren.

Den vorliegenden Bericht habe ich vor allem für meine beiden Töchter und deren Familien geschrieben, aber auch für meine Freunde und Freundinnen und all diejenigen, welche bereit sind, DDR-Geschichte aufzuarbeiten und sich der Wahrheit zu stellen. Ich würde mich sehr freuen, wenn möglichst viele Menschen unterschiedlicher Generationen meinen Bericht lesen, damit die Opfer des SED-Staates echte Würdigung erfahren und sich solches Unrecht nicht wiederholt.

Was dich in Wahrheit hebt und hält

Die DDR zu verlassen, daran haben viele gedacht. Mit diesem Gedanken gespielt wie mit einem Federball, den man kurz in die Luft schlägt, wenn die Schwere einen zu erdrücken droht. Auszubrechen aus dem bedrückenden System der DDR, das einem die Luft zum Atmen nahm, das jegliche berufliche Entwicklung lähmte und die freie Entfaltung von Talenten reglementierte oder ganz verwehrte - diesen Wunsch hatten viele. Ihn aber wirklich in die Tat umzusetzen, ist eine andere Sache.

Auch bei meinem Mann und mir war der Gedanke einer illegalen Flucht keine spontane Idee. Vielmehr dauerte es vier Jahre, bis unser Entschluss gereift ist, die DDR illegal zu verlassen – denn offiziell war das nicht möglich.

Gehen oder bleiben?

Die berufliche Situation meines Mannes

Ein ganz wichtiger Grund für unseren Wunsch, die DDR verlassen zu wollen, waren die Zuspitzung der beruflichen Schwierigkeiten meines Mannes. 1964 kamen mein Mann und ich nach Jena. Ich arbeitete dort in der Anatomie, hielt Vorlesungen vor Studenten.

Mein Mann trat eine neue Stelle als wissenschaftlich tätiger Arzt an. Sein Aufgabengebiet sollte in der pathologisch-histologischen Abteilung von Prof. B. im **Zentralinstitut für Mikrobiologie und experimentelle Therapie** der Akademie der Wissenschaften liegen. Mein Mann stand dieser neuen Aufgabe ambivalent gegenüber, war er doch zuvor Leiter der Neuropathologischen Abteilung der **medizinischen** Akademie in Magdeburg gewesen. In dieser Funktion hatte er voller Freude elf Jahre lang Assistenten neuropathologisch ausgebildet. Er hatte ein eigenes histologisches Labor mit medizinisch-technischen Assistenten geführt.

Ein beruflicher Wechsel wurde ihm auferlegt, da die politische Führung der DDR nicht wollte, dass er weiter an der Universität lehrte. Denn mein Mann war weder SED- Parteimitglied noch überzeugter Sozialist.

In seiner früheren Lehrtätigkeit an der medizinischen Akademie Magdeburg hatte mein Mann viele wissenschaftliche Arbeiten veröffentlicht und mehr als 40 Vorträge auf in- und ausländischen Tagungen gehalten. Dadurch war er international weit über die Grenzen der DDR hinaus sehr angesehen. Davon konnte ich mich 1964 auf einem internationalen Schaeffer Symposium in Budapest selbst überzeugen. Zahlreiche Professoren der Neuropathologie aus vielen verschiedenen Ländern waren anwesend. In persönlichen Gesprächen hörte ich immer wieder, wie anerkennend sie über meinen Mann sprachen. Aufgrund seiner vielen Veröffentlichungen vermuteten viele, dass mein Mann sehr viel älter sei. Doch er war damals gerade 37 Jahre.

Mein Mann hoffte, dass er neben seiner neuen Aufgabe weiter forschen könne und wie bisher Vorträge würde halten können. Das war ihm zumindest beim Vorstellungsgespräch fest zugesagt worden. Da mein Mann bereits seit 1961 habilitiert war, wurde er darüber hinaus darin bestärkt, dass seiner Ernennung zum Professor nichts im Wege stünde.

Die Wirklichkeit sah jedoch völlig anders aus. Er wurde als Oberarzt eingestellt, jedoch ohne geeignete wissenschaftliche Assistenten. Mitarbeiter wurden ihm - entgegen dem Versprechen - nur stundenweise zur Verfügung gestellt. Und bald danach eröffnete ihm sein Chef, dass seine wissenschaftliche Arbeit auf dem Gebiet der Neuropathologie *gar nicht mehr erwünscht* sei.

Mein Mann war schockiert. Damals gab es nur wenige Neuropathologen, die wissenschaftlich tätig waren. Er hatte sich inzwischen einen reichen Erfahrungsschatz erarbeitet, war im Ausland angesehen. *Sollte das auf einmal nicht mehr gelten? Durfte er die Früchte seiner Forschung nicht ernten? Wurde in dem behindert, was ihn ausmachte und wofür er sich jahrelang engagiert hatte?* Er hatte viele Überstunden geleistet, oft auch am Wochenende gearbeitet. Plötzlich wurde ihm sein wichtigster Lebensinhalt genommen.

Seine neuen Aufgaben lagen nun auf dem Gebiet der **Immunbiologie.** Er sollte die Wirkung eines **Präparats gegen Leukämie und bösartige Tumoren** überprüfen. Wie er erst später erfuhr, waren dazu bereits Versuche durchgeführt worden. Sie waren aber ergebnislos geblieben und deshalb abgebrochen worden. Mein Mann hatte das Gefühl, in eine Falle geraten zu sein: Man wollte ihn beschäftigen, ohne dass man wirklich an Ergebnissen interessiert war.

Und dennoch: Er setzte seine ganze Kraft ein. Das immunbiologische Thema wurde in Zusammenarbeit mit einem Herzchirurgen durchgeführt. Er stellte Teile von frisch operierten Herzohren (einen Teil des Herzmuskels) für die Untersuchung zur Verfügung. Trotz aller Widerstände konnte mein Mann in intensiver Arbeit positive Ergebnisse vorlegen. Auf dem Höhepunkt der Forschung teilte jedoch der Chef - ohne Rücksprache mit meinem Mann - dem Chirurgen mit, dass weitere Untersuchungen nicht mehr stattfinden könnten. Die Haltung seines Chefs, dessen unkollegiales Verhalten, erschütterten meinen Mann tief. Wenn der eigene Chef die Mittel streicht und damit die Forschung verhindert, wie sollte er dann weitermachen?

Meinem Mann und mir wurde bewusst, dass es gar nicht mehr um Forschung ging. Der Diktatur des Sozialismus ging es darum, einen unerwünschten Wissenschaftler auszuschalten, indem man seine Arbeitsfreude und wissenschaftliche Aktivität blockiert.

Obwohl es meinem Mann wider Erwarten gelang, Erfolge für das antileukämische Präparat nachzuweisen, blieb jede Anerkennung aus. Das Präparat war nach erfolgreichen Versuchen an Tieren und Testungen in Kliniken inzwischen sogar eingesetzt worden, um Blutkrankheiten zu lindern.

Statt Wertschätzung oder Aufnahme seines Namens bei der Patentierung wurde meinem Mann 1966 eröffnet, dass er aus seiner bisherigen Abteilung ausscheiden müsse. Stattdessen sollte er im Rahmen einer Vertragsforschung mit dem VEB Jenapharm und dem Zentralinstitut eine **Arbeitsgruppe über Endokrinologie** aufbauen. Diese Arbeitsgruppe sollte sich vorwiegend mit Aufgaben bei der Testung schwangerschafts-verhütender Mittel („Antibaby Pille") befassen. Dabei sollte sie mit der „Chemischen Synthese Abteilung" und der „Steroid biochemischen Abteilung" des Institutes zusammenarbeiten.

Mein Mann übernahm jetzt die Tierhäuser IV, V und VI, die bisher nur für die Tierhaltung und Pflege vorgesehen waren (Ratten, Mäuse und Kaninchen). Betreut wurden diese Häuser von Diplomlandwirten, auf die jetzt eine Mehrarbeit und erstmals auch eine wissenschaftliche Betätigung zukam. Die Anforderungen an die Mitarbeiter waren deutlich größer als bisher, da es in einer wissenschaftlichen Abteilung auf exakte und sauber durchgeführte Arbeit ankommt.

Unter mühevoller Kleinarbeit und mit viel Überzeugungskraft wurde eine arbeitsfähige Abteilung geschaffen. Aufgrund von wissenschaftlichen Ergeb nissen gewann sie auch internationales Ansehen.

Die Arbeitsgruppe meines Mannes wurde für ihre Leistungen dreimal mit dem Titel "Kollektiv der sozialistischen Arbeit" ausgezeichnet. Doch das missfiel dem Vorgesetzten, der selbst nicht solche Erfolge vorweisen konnte. Es kam zu Spannungen im Team: Der Vorgesetzte begann damit, die Autorität meines Mannes zu untergraben, indem er ihn gegenüber Tierpflegern und Assistenten schlecht machte und sie wegen ihres großen Einsatzes für meinen Mann bedauerte. Leider verhielten sich die Mitarbeiter, zum Teil Parteigenossen, gegenüber meinem Mann nicht loyal, sondern glaubten den **Verleumdungen** des Vorgesetzten. Sie fanden immer mehr Dinge, die an meinem Mann nicht in Ordnung waren.

Mir fällt hierzu eine Parallele aus der Geschichte der Medizin ein:

Semmelweiss, der Entdecker der Desinfektion, ist allgemein als der "Retter der Mütter" bekannt. Zu dem Zeitpunkt aber, als er als Assistent von Professor Klein die Chlorkalkwaschungen für alle Ärzte und Schwestern vor der Operation einführte, wurde er von seinem Chef mehrfach gedemütigt und lächerlich gemacht. Er und seine Kollegen lehnten seine Erfindung ab, wendeten sie aber heimlich an. Viele Mütter mussten sterben, weil man seine Erkenntnisse nicht konsequent umsetzte.

Er durfte die gesamte Arbeit machen, sein Chef sonnte sich in seinen Erfolgen. Als „Dank" warf er Semmelweiss aus der Klinik und verlängerte seine Assistentenstelle nicht. Semmelweiss musste die Stelle verlassen, obwohl seine Erfindung später so vielen Frauen das Leben rettete.

Wir dachten oft an diese Parallele. Was vor 100 Jahren geschehen war, erlebte mein Mann nun selbst. Nichts gönnte ich meinem Mann mehr als eine gute Arbeitsatmosphäre.

Ich kann hier nicht auf die einzelnen Formen der Intrige eingehen (Intrigen sind schwer zu beweisen). Heute nennt man das "Mobbing". Wer es durchlebt, weiß, wie sehr die Freude an der Arbeit leidet. Auf der anderen Seite stand mein Mann auch unter sehr großen Termindruck, es handelte sich um sogenannte **Vertragsforschungen**, bei denen in sehr knapper Zeit Abschlussberichte mit Ergebnissen vorliegen mussten.

Hinzu kam, dass auch die Ernennung zur Professor nach 10-jähriger Habilitation immer noch nicht erfolgt war, obwohl sie versprochen und mein Mann dafür hart gearbeitet hatte. Mitte 1973 kam es erneut zu einer Umstrukturierung des Instituts. Mein Mann war jetzt einem anderen Bereichsleiter unterstellt, Professor. Sch.

Auch hier musste er gegen Widerstände ankämpfen. Kein Mensch kann Missgunst und Intrigen ewig standhalten. Auch mein Mann konnte nicht mehr, er brach körperlich und seelisch zusammen. Anfang April 1973 wurde er wegen **akuten Kreislaufversagens** in die innere Klinik in Jena eingewiesen. Unsere beiden Töchter waren damals vier und acht Jahre alt.

Wir waren sehr verzweifelt. Ich hatte große Angst um meinen Mann und wie es weitergehen sollte. Der Zusammenbruch meines Mannes war wie ein Warnschuss für die ganze Familie. Sollten wir ausharren? Hoffen, dass sich die Lage wieder entspannte? Das war eher nicht zu erwarten. Die Anstrengungen der letzten

Jahre hatten nur Missgunst und neue Schikanen nach sich gezogen. Körper und Seele meines Mannes hatten die innere Notbremse gezogen. Wir wussten nicht mehr weiter. Zusätzlich belastete meinen Mann, dass er auch in seinem fachlichen Austausch zu internationalen Mitarbeitern stark behindert wurde. Kontakte mit ihnen waren fast unmöglich. Kamen Briefe aus dem Westen an, wurden sie vorher von Beauftragten des Institutes geöffnet und mein Mann wurde zitiert, um Rechenschaft abzulegen, warum er Westkontakt hat.

„Wo aber Gefahr ist, wächst das Rettende auch!", sagt Hölderlin. Das, was in uns wuchs, war die **Vision eines freien Lebens** in einem demokratischen Land. Mein Mann und ich klammerten uns immer mehr an den Gedanken einer Flucht aus der DDR. In einem freien Land würde die Forschung meines Mannes nicht mehr behindert werden. Die ganze Familie könnte sich frei entfalten. Der Gedanke, sich im Westen eine neue Heimat zu suchen, nahm immer mehr Gestalt an.

Einen Ausreiseantrag zu stellen, diese Möglichkeit erwogen wir kurz, legten sie aber bald wieder beiseite. Denn es war bekannt, dass unser gesamtes familiäres und befreundetes Umfeld unter solcher Entscheidung würde leiden müssen, ganz abgesehen von beruflicher und menschlicher Degradierung und Schikanen gegenüber uns, den Antragstellern. Wir hatten auch von Fällen gehört, in denen die Ausreise nie gewährt wurde, vor allem, wenn es sich – wie in unserem Fall – um letztlich doch für die DDR irgendwie nützliche Akademiker handelte.

So reifte in uns der Entschluss, den abenteuerlichen Weg einer Flucht zu gehen.

Doktrinäre Beeinflussung unserer Kinder

Ein weiterer sehr wichtiger Grund war die starke politische Beeinflussung und Beschämung unserer Kinder. Sie durften sich nicht frei äußern. Meine ältere Tochter wurde zum Beispiel in der Schule gefragt, welche „Uhr" sie auf dem Fernsehbild sehe, wenn die Eltern Nachrichten schauen. Damit wollte die Lehrerin herausbekommen, ob wir Westfernsehen schauen. Nicht nur meine Tochter, auch andere Kinder wurden zur Bespitzelung ihrer Eltern angestiftet. Die Gesinnung der Eltern zu erfahren, dazu waren die Lehrer und Lehrerinnen von der Staatsführung sogar angehalten. So fragte dieselbe Lehrerin die Kinder in der Klasse meiner Tochter, wer denn von den Schülern an Gott glaube. Die betreffenden Kinder sollten aufstehen. Damals standen 2 von 30 Kindern auf. Eine davon war meine Tochter. Darauf sagte die Lehrerin zur Klasse: „Nun lacht die beiden mal alle aus!" Meine Tochter kam weinend zu mir, sie konnte nicht verstehen, warum die Klasse sie ausgelacht hat. Doch dass sie nicht dazugehörte und irgendwie „nicht in Ordnung" war, diese schmerzliche Botschaft war angekommen.

Es war bekannt, dass im „Arbeiter- und Bauernstaat", wie sich die DDR nannte, Kinder aus einer „Intelligenzfamilie " keine Möglichkeit hatten, auf normalem Weg Abitur zu machen, selbst bei hervorragenden Leistungen. Damit war ein Studium nicht möglich. Mein Mann und ich wollten unseren Kindern aber gerne jede Chance offen lassen, so dass sie einmal selbst würden entscheiden können, für welchen Beruf ihr Herz schlägt.

Die Zwillingsschwester und die Mutter wiedersehen

Ein weiterer Grund für die Flucht war persönlicher Art. Meine Zwillingsschwester lebte bereits im Westen, ihre Flucht war geglückt. Sie hatte sich auf der Leipziger Buchmesse in einen Westler verliebt und in ihm die große Liebe gefunden. Mit ihm gemeinsam und seinem Sohn aus erster Ehe baute sie sich in München ein neues Leben auf. Zu ihr habe ich seit meiner Kindheit eine unverbrüchlich starke Verbindung. Unserer Mutter war es aus Altersgründen gestattet worden, zu meiner Schwester in den Westen zu ziehen.

Ich wusste, dass meine nicht sehr rüstige Mutter uns in Jena nicht mehr würde besuchen können. Ich sehnte mich nach ihr. Wie lange würde ich sie noch haben? Sie war schon 78 Jahre alt. Ich wollte sie unbedingt noch einmal wiedersehen, Zeit mit ihr verbringen, solange es noch möglich war. Die Herzensbindung zu meinen Lieben im Westen konnte mir die Mauer der DDR nicht nehmen. Und die Sehnsucht wuchs immer mehr.

Erste Schritte

1968 hatte mein Mann die Gelegenheit, für drei Monate im Neuropathologischen Institut der Universität Wien, bei Professor Seitelberger zu hospitieren. Diese Monate in Österreich prägten ihn sehr. Hier erfuhr er, wie geforscht wurde, was Freiheit bedeutet und wie die Menschen durch die Politik nicht eingeengt wurden. Hier konnte jeder frei seine Meinung sagen, hier war das Leben lebenswert.

1970 tauchte das erste Mal der Gedanke auf, die DDR zu verlassen. Aber wie? Unsere jüngste Tochter war gerade ein Jahr alt, unsere älteste fünf. Das konnten wir den Kindern nicht zumuten. Außerdem sollte es ein sicherer Weg sein, aber wie ihn finden? Viele Gedanken gingen uns durch den Kopf. Wir führten lange Gespräche mit sehr guten Freunden und Verwandten aus dem Westen. Die Angst blieb: Was ist, wenn es missglückt? Was wird aus den Kindern? Mir krampfte sich bei dem Gedanken das Herz zusammen - und doch war dieser Schritt auch für die Zukunft unserer Kinder lebenswichtig. Sie sollten in Freiheit und ohne politischen Druck aufwachsen, sich nach ihren eigenen Bedürfnissen und Talenten entfalten können.

Meine Schwester und mein Schwager schlugen uns zwei mögliche Fluchtwege vor:

Die **erste Idee** war, den Fluchtweg über Ungarn bis nach Jugoslawien und Österreich zu nehmen. Allerdings müssten wir dabei mit einem Schlauchboot einen Fluss überqueren. Das fanden wir zu riskant, ich kann nicht gut schwimmen und die Kinder konnten sich ebenfalls noch nicht sicher im Wasser bewegen.

Die **zweite Idee** war, über Westberlin in einem umgebauten PKW-Kofferraum zu fliehen.

Meine Schwester, ebenfalls Ärztin wie ich, hatte mir fürsorglich für diesen Zweck ein Einschlafmittel (Repocal) als Tablette und Zäpfchen nach Rücksprache mit einem Kinderarzt geschickt. Die sollte ich den Kindern geben, wenn die Fahrt nachts stattfinden würde und die Kinder durch die ungewohnte Situation nicht einschlafen könnten.

Trotzdem sollte ich sie in der Wirkungsweise aus-probieren, da es konstitutionelle Unterschiede gibt, und jedes Kind anders reagiert. Ich habe das in ärztlicher Verantwortung gemeinsam mit meinem Mann getan und meine Beobachtungen notiert. Dabei war ich froh, dass das Präparat harmlos ist. Das sollte mir später von großem Vorteil sein, da ich bei der Staatsicherheit belegen konnte, dass ich nicht fahrlässig gehandelt hatte.

Am 18.07.74 erhielten wir einen Anruf „**Möbel kommen.**" Das war das Stichwort. Wir hatten zu diesem Zweck immer zwei Taschen gepackt. In meiner Handtasche befand sich die Medizin und Personal-ausweise, in der Tasche meines Mannes waren Zeugnisse von uns, Dokumente und Urkunden sowie das Zeugnis unserer ältesten Tochter. Auch persönlichen Schmuck und Sparbücher hatten wir eingepackt.

Am 20.07.1974 erhielten wir etwa gegen 14.30 einen Anruf. Es meldete sich eine unbekannte männliche Stimme mit dem Lösungswort **"Inselbuch"** und bat um eine Zusammenkunft.

Wir trafen uns dreimal. Da der Fahrer vor Aufregung und Nervosität zu keiner Entscheidung kam, fuhren wir abends vom letzten Treffpunkt in Neulobeda gegen 22.00 Uhr mit dem Taxi wieder zurück in unsere Wohnung. Ich war sehr enttäuscht.

Die Gefühle, die wir hatten, lassen sich schwer schildern. Jeder Schritt auf ungewohnten Wegen war für die DDR verdächtig. Jeder dieser Schritte war mit Angst besetzt. Angst, ein falsches Wort zu sagen, Angst, aufzufallen. Die Angst war der ständige Begleiter all derer, die sich mit der Politik der DDR nicht identifizieren konnten. Die ständige Sorge war vielen Menschen in der DDR ins Gesicht geschrieben und spiegelte sich auch in deren bedrückter Körperhaltung.

Der Autor und Therapeut Uwe Böschemeyer beschreibt diese Atmosphäre aus Unterdrückung und Angst treffend in einem Gedicht:

Die Maske

Du sagst ja, wenn du nein meinst?

Du beschönigst, wenn du wütend bist?

Du lächelst, wenn dir zum Weinen zumute ist?

Du redest, wenn du schweigen möchtest?

Du gehst mit, wenn du weglaufen willst?

Du trägst die Maske, die dir längst zu schwer geworden ist.

Und dann noch so ein unsicherer, nervöser Kandidat als Fluchthelfer. Wir hatten damals nicht die geringste Ahnung, aus welchen Kreisen die Fluchthelfer stammten, dass es z.B. vielfach Drogenabhängige waren, die dringend Geld brauchten. Soweit uns unsere Freunde mitteilten, sei diese Organisation mit Namen "David" völlig zuverlässig und sicher, da schon viele Menschen auf diesem Weg in die Bundesrepublik geschleust worden waren. Die Organisation forderte auch eine Menge Westgeld, je nach sozialer Herkunft. Pro Person 20.000 DM und für die Kinder je 10.000 DM, so dass insgesamt 60.000 DM fällig waren. Wir mussten das Geld zunächst von unseren Freunden und Verwandten ausleihen. Ich wusste zu diesem Zeitpunkt noch nicht, das die Organisation die Namen und Adressen der DDR-Bürger, die eine Flucht beabsichtigten, trotz des gezahlten Geldes ein weiteres Mal an die DDR verkauften, um doppelten Profit zu erhalten. Auf diese Weise war den DDR-Behörden bekannt, wer flüchten wollte, so dass manche Ehepaare direkt aus ihren Wohnungen heraus inhaftiert wurden. Sie waren völlig überrascht, von wem die Behörden von ihrer Flucht-absicht informiert worden waren.

Wie ich viel später erfuhr, wurden alleinstehende Flüchtige durchgelassen, damit nicht bekannt wurde, dass die DDR die Namen dieser Fluchthelfer-Organisation kannte. Familien mit Kindern dagegen waren sehr häufig die Opfer dieses perfiden Doppelspiels. Die Bedrängnis und Hoffnungslosigkeit der Flüchtlinge wurden schamlos ausgenutzt.

Am 30.08.74 erhielten wir einen zweiten Anruf. Wir sollten nach Dresden fahren und uns im "Italienischen Dörfchen", einem Café-Restaurant nahe der Semperoper zwischen 14 und 16 Uhr einfinden. Wir fuhren am 01.09.74 früh nach Dresden und waren gegen 13.00 Uhr da, gegen 13.30 Uhr dann wie vereinbart im "Italienischen Dörfchen".

Während wir zu Mittag aßen, setzte sich ein junger Mann an unseren Tisch und bestellte ein Eis. Das war eigenartig, da viele andere Tische noch frei waren. Er wechselte nur wenige Worte mit unserer jüngsten Tochter.

Mein Mann verließ noch einmal kurz das Lokal, um Geld von der Post abzuheben. Er kam gegen 15.30 zurück und erzählte mir, dass er von einem Mann namens „Peter" angesprochen worden sei, demselben Mann, der sich an unseren Tisch gesetzt hatte. Wir trafen dann 17.45 mit dem Zubringer zusammen und fuhren Richtung Hermsdorfer Kreuz, wo uns „Peter" in ein zweites Auto umsteigen lassen wollte, welches uns über die Grenze bringen sollte. Doch das zweite Auto war nicht da. Das war furchtbar. Unsere Nerven lagen blank. Also fuhren wir weiter zur nächsten Raststätte, bis unser Fahrer doch noch das richtige Auto entdeckte. Leider misslang das Umsteigen in den Kofferraum vom Innenraum aus, obwohl die Rückenlehne entfernt war, so dass wir noch einen weiteren Rastplatz aufsuchen mussten, um anders als geplant von außen in den Kofferraum zu gelangen. Ich hatte im Auto auf Anraten des Fahrers meiner jüngsten Tochter ein Schlafzäpfchen gegeben, da sie schon sehr müde und unruhig war. Sie schlief dann auch im Kofferraum schnell ein. Meine ältere Tochter bekam nichts, sie hatten wir eingeweiht. Ich weiß nicht, ob das richtig war; ich hielt sie für zu alt für so ein Zäpfchen und denke, sie hätte es nicht verstanden, dass sie so etwas nehmen sollte. Es schien mir sicherer, dass sie Bescheid wusste, falls die Flucht aufflog. Obwohl ich den Gedanken daran mit aller Kraft verdrängt hatte. Es durfte nicht schiefgehen!

Heute im Rückblick tut es mir furchtbar leid, dass sie unsere Festnahme und Trennung hautnah und unge-schützt miterleben musste!

Das AUS: Entdeckt!

Bis heute ist mir unsere Festnahme nicht ganz klar. Möglicherweise waren der Stasi unsere Namen bekannt (wie vorhin geschildert) oder aber der Umstieg von außen wurde heimlich von jemandem beobachtet. Wir haben niemanden gesehen. An der Grenzstation Drewitz erfolgte unsere Festnahme durch die „Sicherheitsorgane" der DDR. Das war der schrecklichste Moment in meinem Leben. Hunde beschnüffelten das Auto, und Polizei umstellte uns. Mir verschlug es die Sprache. Mein Herz klopfte bis zum Hals, ich hatte schweißnasse Hände, stand unter starken Schock.

In Sekunden wurde mir klar, dass ich meine Kinder verlassen musste und nicht wissen konnte, wann ich sie je wiedersehen würde. Die jüngste Tochter schlief noch, zur älteren konnte ich nur mit tränenerstickter Stimme sagen, sie solle auf ihre kleine Schwester achten, und sie sollten zusammenhalten. Wir weinten beide.

Inzwischen weiß ich, dass es falsch war, meiner älteren Tochter mit meiner Bitte eine viel zu große Verantwortung aufzubürden, doch ich wusste mir in diesem verzweifelten Moment nicht anders zu helfen. Die seelische Not war so unsagbar groß. Ich hatte keine Zeit zu überlegen, was ich sage, was hilfreich wäre. Wir blickten in versteinerte Gesichter der DDR-Polizisten, alles musste schnell gehen. Die Kinder wurden abgeführt, und auch mit meinem Mann durfte ich kein einziges Wort mehr reden.

Noch heute, wenn dieses Bild vor mir aufsteigt, bin ich den Tränen nahe. Der tiefe Schmerz, den eine Mutter empfindet, wenn ihr die Kinder weggenommen werden und sie nicht weiß, wohin sie kommen, ist unbeschreiblich. Ohne meine Kinder hätte ich die Tortur viel leichter überstanden, denke ich manchmal.

Andererseits hat mir die Sehnsucht nach meinen Kindern später auch die Kraft gegeben, durchzuhalten, mich selbst nicht aufzugeben.

Ich war so davon überzeugt, dass uns die Flucht gelingen würde, dass ich die Möglichkeit eines Scheiterns völlig verdrängt, ja nicht wirklich ernsthaft in Erwägung gezogen habe. Allerdings hatte ich vorsichtshalber mit meiner ältesten Tochter gesprochen: Wenn die Flucht tatsächlich misslingen sollte, würden wir versuchen, dass beide Kinder zu ihrer Patentante nach Zwickau kommen und nicht in ein Kinderheim müssen.

Wenn ich jetzt darüber nachdenke, weiß ich nicht, ob ich noch einmal die Kraft hätte, ein solch hohes Risiko einzugehen. Ich habe meine inzwischen erwachsenen Töchter gefragt, ob aus ihrer Sicht unser Schritt richtig war. Beide sagten, dass wir es richtig gemacht haben, auch im Hinblick auf ihre Zukunft. Das tröstet mich etwas, aber frei von Schuldgefühlen bin ich natürlich nicht. Auch wenn mir mein Verstand immer wieder sagt, dass unser Weg trotz des großen Opfers richtig war, für unsere Zukunft, die berufliche Entwicklung meines Mannes und die Entwicklung unserer Töchter. Doch ist auch an meinen Töchtern diese Zeit nicht spurlos vorüber gegangen. Sie haben zwar nach einem kurzen Aufenthalt im Kinderheim die drei Jahre bei ihrer Patentante verbringen dürfen, doch mussten sie das Trauma des plötzlichen Verlusts ihrer Eltern und die jahrelange Trennung verschmerzen - und uns Jahre später wieder ganz neu kennenlernen. Denn Besuche von den Kindern in der Haft waren streng verboten.

Der große Druck und das unfreie Leben in der DDR, die Bespitzelung der persönlichen Umgebung und nicht zuletzt die berufliche Situation meines Mannes hatten zwangsläufig zu der Entscheidung der riskanten Flucht geführt, da es auch keine offizielle Möglichkeit der Ausreise in unserem speziellen Fall gab. Wir hatten keine weitere Option mehr gesehen.

Jeder Mensch kann bis zu einem gewissen Grad Schwierigkeiten meistern, jedoch nicht andauernd. Unser Maß war voll, wir wussten nicht mehr weiter, waren verzweifelt. Letztlich haben wir aus dieser Verzweiflung den Mut zum Risiko entwickelt. Vom heutigen Standpunkt aus, an dem mir die Tragweite des Weges klar vor Augen steht, bin ich nicht mehr ganz sicher, ob ich diesen Weg noch einmal gehen würde. Wie gut, dass wir damals nicht im Geringsten ahnten, welche unmenschlichen Strapazen und welche psychischen Foltermethoden auf uns zukommen würden!

Trotzdem ist es mir nach den vorangegangenen beruflichen Schwierigkeiten meines Mannes schwer vorstellbar, wie unser Leben in der DDR weiter verlaufen wäre. Ich wünschte mir so sehr, dass mein Mann sich beruflich ohne Forschungsbeschränkung würde verwirklichen können. Ein Sprichwort sagt: *„Vor jedem steht ein Bild, das, was er werden soll, so lang er es nicht ist, ist nicht sein Friede voll.“* Mein Mann hatte diesen Frieden in der DDR nicht, ja mehr noch, die DDR-Führung versuchte alles, um meinen Mann zu behindern. Wenn der Partner so große Probleme hat, dann wirkt sich das auf die ganze Familie aus.

Eingesperrt

Was nach der Entdeckung im Auto geschah, übertraf meine schlimmsten Alpträume. Es fühlte sich wie ein harter Aufprall an. Eben noch waren wir voller Hoffnung ins Auto gestiegen. So schlimm und beklemmend alles war, so sahen wir das als Preis für ein glücklicheres Leben danach – ein Leben in Freiheit. Nur noch ein bisschen durchhalten, nur noch ein bisschen die Zähne zusammenbeißen, um dann herauszusteigen und ein neues Leben zu beginnen.

Nach der Entdeckung mussten wir uns entkleiden und ertragen, dass unsere Körperöffnungen nach Schmuggelware abgesucht wurden. Eine unglaubliche Entwürdigung und Beschämung! Als man mich in eine schmale Zelle sperrte, die kalt war und nicht mehr „Mobiliar" enthielt als eine enge harte Pritsche, war ich völlig am Ende. Ich hatte so sehr gehofft, dass alles gut ging. Der Schock saß so tief. Ich konnte es nicht fassen, dass ich nun wie eine Schwerverbrecherin eingesperrt war, getrennt von meinem Mann und den doch noch kleinen Kindern.

Ich muss einen Schock und eine Art „Filmriss" erlitten haben, weil ich mich an die Stunden danach nicht mehr erinnern kann. Plötzlich waren bekannte Namen und Adressen durch den großen Schreck aus meinem Gedächtnis wie ausgelöscht. Ich wusste nicht, wo ich war, keiner sprach mit mir oder klärte mich auf. Sprechen und jede Art von Kommunikation war untersagt und wurde bei der kleinsten Zuwiderhandlung unterbunden. Kein Gruß, kein „Bitte", kein „Danke", keinerlei

Ansprache. Mit ihrem Schweigen ließen mich die Polizisten ins Leere laufen, versuchten, mich mürbe zu machen.

Die Vernehmungen der Staatssicherheit waren hart und unerbittlich. Oft waren es zwei Vernehmer, der eine machte auf nett, der andere provozierte, manipulierte und forderte - man wusste nie, was einem erwartete.

Auch wurden Dinge behauptet, die angeblich mein Mann mitgeteilt habe, die nicht stimmten. Ein Vernehmer erklärte zum Beispiel, dass mein Mann nichts mehr von mir wissen und sich von mir trennen wolle. Instinktiv spürte ich zum Glück, dass das nicht so war. Und tatsächlich hat die lange Zeit der Trennung meinen Mann und mich nicht noch mehr voneinander entfernt, sondern näher zueinander geführt. Ich wusste die ganze Zeit, dass ich mich auf meinen Mann verlassen konnte.

Die Vernehmungen erforderten hohe Konzentration und viel Kraft, denn sie waren psychologisch sehr ausgefeilt. Auf der Suche nach Mitwissern und Eingeweihten fragten die Vernehmer nach Freunden, Familienangehörigen, Kolleginnen und Kollegen. Ich wollte niemandem schaden und versuchte daher, nur sparsam zu antworten und das Allernötigste mitzuteilen.

Besonders schlimm war es, dass die Vernehmungen auch mehrfach nachts stattfanden. Wenn ich gerade eingeschlafen war, wurde ich wieder zur Vernehmung geweckt. Nach dem ersten Schlaf war auch meine Aufmerksamkeit nicht mehr gut. Hatte ich mich dann wieder hingelegt im Glauben, die Vernehmungen würden erst am nächsten Tag fortgeführt, weckten sie mich wieder. Genau diese Unruhe und Willkür war beabsichtigt, damit ich bei nachlassender Konzentration und Müdigkeit Details und Zusammenhänge aus Versehen preisgeben würde.

Die ersten sechs Wochen war ich in Einzelhaft. Das Essen wurde mir durch eine Luke in der Tür barsch eingereicht. Die Tür hatte ein "Guckloch", durch das die Aufseherinnen regelmäßig schauten und kontrollierten, was ich gerade machte. Es war strengstens verboten, sich tagsüber hinzusetzen oder hinzulegen. Ich stand oder lief in der kleinen schmalen Zelle hin und her. Zu einer bestimmten Zeit war Nachtruhe angesagt, dann durfte ich mich hinlegen, aber nicht auf die Schlafseite oder in die Decke kuscheln, sondern **immer auf dem Rücken liegend, damit mein Gesicht sichtbar war.** Lag ich auf der Seite, brüllte die Aufseherin mich sofort an, ich solle mich sofort wieder auf den Rücken legen. Oft war ich abends so erschöpft, auch durch die stundenlangen Vernehmungen, dass ich nur noch schlafen wollte. Doch gerade wenn ich in den ersten Schlaf fiel, **beleuchtete ein grelles Licht mein Gesicht,** so dass ich oft mit Herzklopfen aufschreckte und schwer wieder Ruhe fand. Diese grelle Beleuchtung wiederholte sich die ganze Nacht hindurch, sie war eine Methode der Einschüchterung und sorgte natürlich dafür, dass ich immer unausgeschlafen war.

Der ständig gestörte Schlaf und die nächtlichen Vernehmungen haben bei mir zu chronischen Schlafstörungen geführt, die auch heute noch nicht ganz verschwunden sind; auch bin ich seit dieser Zeit sehr schreckhaft. Die helle blitzartige Beleuchtung in die Augen haben zu einer erheblichen Verschlechterung meiner Kurzsichtigkeit geführt und später zu einer Netzhautblutung am rechten Auge.

Es gab Tage, an denen ich das Gefühl hatte, mein Leben sei zuende. Das Gefühl, nicht zu wissen, wo unsere Kinder sind, erzeugte unablässige Unruhe, Sorge und schreckliche Schuldgefühle. Diese Ungewissheit brachte mich fast zur Verzweiflung. Ich hatte keinen Appetit mehr, konnte mich nicht mehr dazu aufraffen, die durchweichten Marmeladenbrote zu essen, den bitteren Kaffee zu trinken oder die Wassersuppen zu essen - alles war mir zuwider. Ich rührte kein Essen mehr an, meine Stimmung war auf dem Nullpunkt. Mir war alles egal, ich habe nichts mehr gegessen, unangerührt ging das Essen wieder zurück.

Plötzlich schrie mich eine Polizistin durch die Klappe an der Tür an: *„Was soll das? Wie können Sie sich jetzt aufgeben und das Essen verweigern? Sie haben doch Kinder! Wollen sie die nicht wiedersehen?!!"* Ich war völlig perplex. Ein menschliches Gefühl in einer unmenschlichen Umgebung? Geschrien zwar, doch dem Inhalt nach mitfühlend, aufrüttelnd, anteilnehmend. Gibt es das? Ich weiß, dass die Staatssicherheit große Furcht vor Suizid hatte, war es das? Ich werde es nie ergründen, doch in diesem Moment habe ich es als menschlich empfunden und bin wach geworden!

Seit dieser Zeit habe ich mich zum Essen gezwungen, immer daran gedacht, wie es hätte ausgehen können. Damit ich meine Töchter immer vor Augen habe und sie nie wieder vergesse, habe ich mir aus Toilettenpapier zwei Püppchen gebastelt, eine kleinere und eine größere. Das waren meine beiden Lieblinge, mit denen ich immer geredet habe. Am nächsten Tag waren sie weg. So etwas war nicht erlaubt.

Schrecklich war diese Stille. Keiner sprach mit mir, ich hörte meine eigene Stimme nicht. Ich versuchte mir in meiner Zelle durch Hin- und Herlaufen vorzustellen, eine Vorlesung für Studenten zu halten. Ich suchte mir ein Thema, z.B. das Herz, und beschrieb in meiner Vorstellung den Studenten, wie das Herz anatomisch aufgebaut ist, wie viele Herzklappen und welche Kammern es gibt und welche Funktionen sie haben. Das beruhigte mich irgendwie und half mir, die Zeit zu überbrücken. Die Aufseher haben sicher gedacht, jetzt dreht sie durch, denn sie bekamen durch ihr Guckloch ja alles mit.

Der Traum

Ich war in den ersten Tagen in einer schrecklichen Verfassung. Der Schock saß so tief und ich hatte deutliche Erinnerungslücken. So wurde ich von meinem Vernehmer gefragt, welchen Rechtsanwalt ich an- schreiben wolle. Vor unserer Flucht hatten wir uns geeinigt, wenn es schief ginge, den Rechtsanwalt Dr. Vogel aus Berlin zu benennen. Dieser Rechtsanwalt war auch für Ausweisungen in die BRD zuständig, da er mit den höchsten Regierungsmitgliedern der DDR Kontakt hatte. Nun ist ja „Vogel" ein sehr einfacher Name, den man kaum vergessen kann. Mein Mann hatte immer gesagt: *„Jeder Vogel hat einen Schnabel."* So sollte ich es mir merken.

Aber ich konnte mich trotz Anstrengung nicht an den Namen erinnern - wie wegradiert war alles. Die Vernehmer drohten mir einen Pflichtverteidiger an, wenn ich den Namen bis zur nächsten Vernehmung nicht wüsste. Das setzte mich noch mehr unter Druck.

Als ich mich abends hinlegen durfte, habe ich ein Stoßgebet zum Himmel gerichtet: „Lieber Gott, wenn es Dich gibt, hilf mir, sag mir im Traum den Namen des Rechtsanwaltes, bitte!!"

Ich muss sehr kurz geschlafen haben, bevor es mitten in der Nacht lautstark an meine Tür mit dem Schlüssel schlug und die Tür geöffnet wurde, um mich zum Verhör zu holen. Aber ich hatte einen von Gott geschickten Traum, bevor ich erwachte: Ich stand in einem Zimmer, als Rechtsanwalt Vogel eintrat und freundlich sagte: *„Selbstverständlich, Frau Schnabel, übernehme ich Ihre Verteidigung!"* Ich antwortete: *„Vielen Dank, Herr Vogel, das freut mich sehr!"*

In diesem Moment wurde ich wach, hellwach, sagte immer wieder vor mich hin *„Vogel, Vogel, Vogel"*, um bloß den Namen nicht mehr zu vergessen. Kurz danach wurde ich aus der Zelle geholt.

Drei Jahre später, am Tag unserer Entlassung, als wir beide, mein Mann und ich, im Bus saßen, kam Rechtsanwalt Vogel zu uns und sagte, wie schwer es gewesen sei, uns rauszuholen. Er sah genauso aus, wie er mir im Traum erschienen war. Ich sagte zu meinem Mann: „Dr. Vogel ist ja auch da!" Mein Mann erwiderte: „Wieso kennst du ihn? Du hast ihn doch noch nie gesehen!" „Doch", sagte ich, „er ist mir im Traum erschienen!"

Diese Erfahrung hat meinen Glauben gestärkt, und oft dachte ich auch an die tröstlichen Zeilen von Dietrich Bonhoeffer:

„Von guten Mächten wunderbar geborgen, erwarten wir getrost, was kommen mag. Gott ist mit uns am Abend und am Morgen und ganz gewiss an jedem neuen Tag."

In diesen schweren Zeiten habe ich gespürt, wie der Glaube trägt, Hoffnung schenkt, auch wenn die Situation sehr aussichtslos scheint. Und Hoffnung hilft über jede schwere Situation hinweg. Nie werde ich vergessen, dass mir mit Gottes Hilfe der Name des Rechtsanwaltes genannt wurde und er mir sogar leibhaftig im Traum erschienen ist. Es bleibt ein Wunder in meinem Leben.

Kaum war ich im Vernehmer-Zimmer, kam die Frage, welchen Rechtsanwalt ich nehmen wolle. Jetzt konnte ich selbstbewusst sagen: *„Rechtsanwalt Vogel"*. Er lachte höhnisch. Dann sagte er barsch: *„Der nimmt niemanden mehr! Völlig zwecklos!"* Ich erwiderte: *„Trotzdem möchte ich ihm einen Brief schreiben."* Widerwillig reichte er mir ein Blatt Papier, auf dem ich ihm schreiben konnte. Bekanntermaßen dauert ja eine Antwort mindestens 10 Tage, der Brief geht erst durch die Zensur und die Antwort auch. Jedoch welche Überraschung! Schon am nächsten Tag erhielt ich einen Brief von RA Vogel, in dem er mir mitteilte, dass er die Verteidigung von mir und von meinem Mann übernehmen würde. Was war geschehen? Meinen Brief konnte er noch gar nicht haben. Also kombinierte ich: *„Hilfe von außen?"* Und so war es auch, wie ich später erfuhr: Meine Schwester und mein Schwager hatten sich über Rechtsanwalt Stange in Westberlin, der mit Vogel zusammenarbeitete, in Verbindung gesetzt und die Verteidigung erwirkt.

Wer kann sich vorstellen, Tag und Nacht in einer Einzelzelle eingeschlossen zu sein, ohne Fenster, nur Glasbausteine, die etwas Licht hereinlassen, ohne auch nur mit einem einzigen Menschen reden zu können, und das über Wochen hinweg! Kein Buch, kein Fernseher, kein Radio. Ich war mit mir ganz allein, mit meinen Gedanken, meinen Träumen, meinen unerfüllbaren Wünschen. Wie oft dachte ich an unsere lieben Kinder, von denen ich in den monatelang nichts erfuhr, kein Lebenszeichen erhielt. Das tat mir unendlich weh – und war sicher beabsichtigt als eine Form des Psychoterrors. Öfter wurde mir vom Vernehmer auf meine Fragen gesagt, dass sich unsere Kinder von mir distanzieren würden, und wenn ich meine Strafe einmal voll abgesessen hätte, würden sie sich kaum noch an mich erinnern. Ich konnte diesen tiefen Wunden kaum etwas entgegensetzen, zumal sie methodisch und in voller Absicht geschlagen wurden.

Was konnte ich tun so allein, stundenlang in einer Zelle eingesperrt? Auf wenige Quadratmeter eingeschränkt? Neben meinen Vorträgen an eine ausgedachte Zuhörerschaft versuchte ich mich durch Gymnastik körperlich fit zu halten.

Notoperation

Seit dem 01.09.74 war ich nun in Haft. Am 11.09.74 bekam ich heftige kolikartige Unterbauchbeschwerden. Ich spürte, wie im Unterbauch eine starke Spannung war und ich mich nicht mehr aufsetzen konnte. Ich kullerte mich von der Pritsche herunter, um an die Zellentür zu kommen und um Hilfe zu rufen. Ich vermute, dass ich Gewalt erfahren habe, einen Tritt in den Bauch am ersten Tag der Inhaftierung. Doch da ich bewusstlos war und durch das Trauma das Schlimmste abgespalten habe, kann ich mich nur schemenhaft daran erinnern.

Mit letzter Kraft robbte ich mich an die Zellentür, meine Schmerzen waren unerträglich, mühsam schleppte ich mich zurück auf die Pritsche. Nach ewiger Zeit rasselte ein Schlüsselbund und die Zellentür wurde geöffnet. *„Was soll dieser Lärm?"*, schrie mich die Wärterin an. Ich schilderte meine Schmerzen, die Polizistin ging wieder ohne ein Wort. Stundenlang passierte nichts. Ich hatte das Gefühl, dass eine weiche Geschwulst im Unterbauch immer größer wurde und versuchte durch starken Druck meiner Hände auf den Bauch die vermutete Blutung zu stoppen. Nach Stunden des Wartens kam ein Krankenpfleger, **kein** Arzt, der eine

Appendizitis (=Blinddarmentzündung) vermutete und mir eine Schmerzspritze verabreichte.

Die ganze Nacht passierte nichts. Für eine aus politischen Gründen Inhaftierte gab es keine Unterstützung, da wurden die Mörderinnen besser behandelt.

Ich weiß nicht mehr, wie ich die Nacht überstanden habe, jedenfalls war ich sehr glücklich, als gegen Morgen die Tür aufgerissen wurde und eine Aufseherin mich barsch aufforderte, mitzukommen. *„Gott sei Dank"*, dachte ich, *„jetzt wirst Du einem Arzt vorgestellt!"* Welch ein Irrtum! Es sollte ein Passbild von mir gemacht werden. Ich protestierte, ich konnte vor Schmerzen kaum gehen, nur gebeugt, indem ich die Hände auf den Bauch presste. Aber wen kümmerte das schon? Die Passbilder sahen entsprechend erbärmlich aus, wie ich nach meiner Haftentlassung festgestellt habe. Zurück in der Zelle passierte wieder lange nichts.

Gegen Nachmittag wurde mir mitgeteilt, dass ich wegen des "akuten Bauches" einem Arzt vorgestellt werden sollte. Ich wurde in das Volkspolizei Krankenhaus Berlin gefahren. Jemand nahm mir die Brille ab und überstülpte mir über Kopf und Gesicht eine Mütze, sodass ich nicht erkennen konnte, wohin ich gebracht wurde.

Bevor ich dem Chirurgen vorgestellt werden sollte, bekam ich von der begleitenden Stasischwester die Instruktion, nicht zu sagen, dass ich Ärztin sei. Ich sei hier nur eine Strafgefangene mit einer Nummer. Ich wusste jedoch, dass vor jeder Operation eine Einwilligung des Patienten durch Unterschrift bestätigt werden muss. So war es denn auch und ich unterschrieb bewusst meinen Namen mit *„Dr. med. C.S."* Daraufhin beugte sich der Chirurg zu mir und flüsterte leise. *„Kollegin"*? Ich: *„Ja!"* *„Republikflucht?"*, fragte er. *„Ja"*, sagte ich. Das war alles. Aber danach hatte ich das Gefühl, in guten Händen zu sein. Wie sehnte ich mich danach, auch den schlimmsten Situationen irgendetwas Gutes abzugewinnen. Dann besprach er mit mir noch den Operationsvorgang.

Da er wegen meiner starken Schmerzen eine gestielte Eierstockzyste vermutete, beabsichtigte er eine Laparotomie (=Eröffnung des Bauchraumes) durchzuführen. Ich erklärte ihm, dass ich vor meiner Flucht beim Frauenarzt gewesen sei und damals alles in Ordnung gewesen sei. Ich würde eine Bauchdecken-blutung vermuten, sagte ich, deren Ursache mir aber unbekannt sei.

Die Operation habe ich gut überstanden. Sie erfolgte am 12.09.74 im Volkspolizei- Krankenhaus Scharnhorst-straße, dem jetzigen Bundeswehrkrankenhaus. Danach wurde ich in eine Einzelzelle verlegt. An meinem Bett-Ende saß ständig eine Stasischwester, beobachtete mich unaufhörlich, zeigte aber keinerlei Wohlwollen. Ich durfte mich nicht mit ihr unterhalten und ich bekam trotz ärztlicher Verordnung keine Schmerzmittel, obwohl ich auch starke Wundschmerzen und sehr schmerzhafte Blähungen hatte. Als die abendliche Visite war, schrie sie nach draußen: ***„Hier ist alles in Ordnung!"***, sodass die

Ärzte das akzeptierten und nicht zur Visite hereinkamen. Am nächsten Morgen das gleiche Spiel.

Inzwischen waren meine Schmerzen so stark, dass ich genauso laut schrie, *"Hier ist gar nichts in Ordnung!"*, woraufhin eine Ärztin hereinkam und fragte, wie es mir gehe. Als ich sagte, ich bekäme keine Schmerzmittel, keinen Sandsack auf dem Bauch, war sie völlig überrascht. Der Operateur habe doch Medikamente verordnet, warum ich diese denn nicht bekommen hätte? Diese Frage blieb unbeantwortet. Es kam, wie ich es befürchtet hatte: wegen Verweigerung der notwendigen schmerzstillenden Medikamente und weiterer notwendiger postoperativer Maßnahmen kam es am Folgetag zu einer massiven Nachblutung mit Platzbauch. Tags darauf wurde die Platzwunde trotz beginnender umschriebener Peritonitis (= Bauchfellentzündung) und trotz meines Protestes (Ich solle den Mund halten, ich sei hier strafgefangene Patientin und keine Ärztin) **ohne Narkose und bei vollem Bewusstsein unter starken Schmerzen genäht.** Als ich kurz bewusstlos wurde, hörte ich noch, wie sie sagten: „*Schade ist es nicht!"*

Aus medizinischer Sicht ist es verständlich, dass bei beginnender Entzündung die Nähte nicht halten konnten. Am nächsten Tag blutete ich wieder, so dass die Narbe sich öffnete. Ich wurde danach auf die Krankenstation des Haftkrankenhauses verlegt. Wieder war ich allein, doch das war besser, als die menschenverachtende „Schwester" (der Name ist fehl am Platz) zu ertragen.

Inzwischen war ich so geschwächt, dass ich nicht mehr allein aufstehen konnte. Bei einem menschlichen Bedürfnis musste ich klingeln, dann kam ein Bewacher, der mich auf den Stuhl hob. Ich war verzweifelt, konnte mir als Ärztin ausmalen, was es bedeutet, wenn die zunächst umschriebene Entzündung den gesamten Bauchraum ergriff. Das wäre mein Ende gewesen. Antibiotika bekam ich trotz Verlangen nicht, stattdessen sollte ich die offene Wunde mit Jod betupfen!! Medizinisch völlig wirkungslos. Kontraindiziert. Ich wollte nicht daran sterben! In höchster Not besann ich mich auf eine ganz alte medizinische Methode, die zwar nicht mehr angewendet, aber den "alten Ärzten" früher bei lokalen Entzündungen geholfen hat. Ich hatte das Glück, dass ein ganz junger Bewacher mich am nächsten Tag betreute. Ich weiß nicht seinen Namen, aber er war höchstens 20 Jahre alt und wirkte noch sehr unerfahren. Eigentlich durften wir ja nicht mit den Pflegern sprechen, aber in meiner Not fragte ich ihn, ob er seine Eltern lieb habe. Als er über diese Frage staunte, habe ich ihm gesagt, dass ich auch zwei Töchter habe, die ich liebe und die mich gern wiedersehen möchten, aber mir ginge es so schlecht und ich würde es wohl kaum überleben, wenn er mir nicht helfen würde. Er fragte mich, was er tun solle. Ich sagte: *"Kochen Sie mir einen großen Topf Wasser mit 5 Esslöffeln Kochsalz ab und bringen sie mir den Topf mit Mulllagen!"* Er antwortete: *„Ich werde es machen, wenn ich allein bin."* Jeden Abend brachte er mir heimlich das abgekochte Salzwasser und ich machte die ganze Nacht fleißig Umschläge. Es brannte wie Feuer, aber die Wunde reinigte sich allmählich und ging nicht in die Tiefe. Ganz langsam konnten sich die Wundränder schließen.

So war mir ein **leibhaftiger Engel** begegnet! Ich danke ihm noch heute, wie menschlich er reagiert hat, obgleich es für ihn auch ein großes Risiko bedeutete. Ich hoffe, es geht ihm gut. Ich wünsche ihm von Herzen das Beste.

Aufgrund meiner Eigeninitiative wurde die Bauchfell-entzündung beherrscht und es kam zur sekundären Wundheilung, allerdings mit erheblichen Verwachsungs-beschwerden, sodass ich nach der Haftentlassung in München eine zweite Korrekturoperation durchführen lassen musste.

Insgesamt lag ich 5 Wochen im Haftkrankenhaus. Danach wurde ich wieder in die Haftanstalt Hohenschönhausen in Berlin verlegt. Vorher durfte ich nach langer Zeit das erste Mal wieder duschen, und zwar im Beisein der verhassten Stasischwester. Ich konnte nicht widerstehen, ihr zu sagen wie wenig, sie den Namen „Schwester" verdient; wir waren ja beide allein und da hatte ich den Mut, ihr einige Dinge zu sagen. Durch die Operation war ich noch sehr geschwächt, ich hatte mindestens 10 Kilo an Gewicht verloren und war psychisch sehr down. Ein Lichtblick in dieser schlimmen Zeit war, dass mich mein Mann besuchen durfte, nachdem es mir schon etwas besser ging. Er hatte einen dringenden Antrag gestellt, dass er mich wegen meines schlechten Gesundheitszustandes sehen wollte. Mir wurde vor dem Besuch streng verboten, Einzelheiten über die Operation zu erzählen bzw. die aufgetreten

Komplikationen zu erwähnen, da ansonsten der "Sprecher" – so wurde die Zusammenkunft mit meinem Mann genannt - sofort abgebrochen werde. Deswegen wurde mir auch kein üblicher Beisitzer der Stasi zugeteilt, sondern der Arzt des Haftkrankenhauses, der auch versteckte Äußerungen sofort erkannt hätte. Ich merkte, dass mein anfänglicher Eindruck, er könnte Mitgefühl mit mir haben, falsch war.

Ich spürte jedoch, dass mein Mann auch ohne große Worte meinen Zustand erkannte, er sah es in meinen Augen.

Nun saß ich wieder allein in meiner Zelle, allein mit mir und meinen Gedanken, es war so schwer und mir ging es psychisch ganz schlecht. Vor allem sorgte ich mich um die Kinder, ich hatte immer noch keine Nachricht über sie – und fühlte tiefe Ohnmacht und Verzweiflung.

Nichts über unsere Töchter zu wissen war für mich das Schlimmste an der ganzen Situation. Vielleicht hätte ich all das andere dann etwas leichter ertragen: die ständigen Demütigungen, die psychische Folter der Einzelhaft mit Schlafentzug, Schlafunterbrechungen, grelle Bestrahlung in die Augen alle 10 Minuten und die häufigen Vernehmungen in der Nacht, die wochenlange Isolation ohne Tageslicht oder irgendein Hoffnungszeichen. In der Zelle gab es nur ein kleines Fenster mit Glasbausteinen. Nichts, was die Sinne anregte oder mich irgendwie aufbauen oder wenigstens ablenken konnte. Der einzige Kontakt waren die Vernehmer.

Sie versuchten mich in den Verhören in die Irre zu führen, indem ich gezielt desinformiert und getäuscht wurde. Sie teilten mir mehrfach erfundene Aussagen meines Mannes mit, die ich bestätigen sollte. Wenn ich mich dagegen verwehrte, wurden mir psychiatrische Behandlung, Verbot von Besuchen meines Mannes und Schreibverbot angedroht. Darüber hinaus wollten sie von mir Aussagen über meine Kollegen und Kolleginnen erpressen, wie sie politisch eingestellt seien. Ich kann jedoch mit reinem Gewissen sagen, nichts Negatives mitgeteilt zu haben, meistens habe ich geschwiegen. Die Vernehmer begannen dann, mir zu drohen: *„Wir haben Zeit, und wenn sie ein ganzes Jahr in Untersuchungshaft sitzen, ist uns das egal..."*

Ein beliebtes Druckmittel gegenüber den politischen Häftlingen war außerdem die subtile Androhung von Gewalt gegenüber Familienmitgliedern. Sippenhaft war ja in der DDR nicht selten. Die Unvorhersehbarkeit der weiteren Ereignisse war extrem belastend für mich. Oft wachte ich nachts schweißgebadet und von Albträumen geplagt auf. Alles schien so ausweglos.

Doch ein kleines Hoffnungszeichen erhielt ich nach sechs Wochen: Ein Buch! Ich hatte meinen Vernehmer mehrfach um Lesestoff gebeten. Ich hätte nicht gedacht, dass er meine Bitte nach so langer Zeit doch noch erfüllen würde. Nie vorher und nie nachher habe ich ein Buch mit solcher Begeisterung empfangen: Endlich wieder geistige Nahrung! Endlich die Möglichkeit, sich ein wenig abzulenken, der äußeren Enge und Beklemmung innere geistige Räume entgegenzusetzen.

Meine Freude war riesengroß. Doch wenig später, als ich das Buch aufschlug, stutzte ich, las den Titel und war zunächst schwer enttäuscht. Denn man hatte mir – natürlich – keine Literatur zur Erbauung, sondern ein Buch über den deutsch-französischen Krieg von 1870/71 ausgehändigt. Ein Buch über den Krieg, während ich selbst eingesperrt war? Das war es nicht, was ich brauchte!

Und doch erwies es sich am Ende als Segen! Denn das Buch enthielt einen bewegenden Anhang meines Lieblingsschriftstellers Theodor Fontane über seine Erlebnisse in Frankreich. Diesen Abschnitt las ich immer und immer wieder, bis ich ihn beinahe auswendig kannte:

Auf Anraten des Preußischen Königs hatte der Schriftsteller Theodor Fontane die Kriegsfelder besucht, um sie zu dokumentieren. Bei dieser Aufgabe wurde er als Spion verdächtigt und verhaftet. Diese Erlebnisse waren auch für Fontane schrecklich, wenn sie auch nur kurz andauerten. In der ersten Nacht wollte sich der erschöpfte Fontane in seiner Zelle auf seinem Lager ausstrecken und schlafen. Da wurde er wach, weil etwas an seinem Laken zog. Vor lauter Schreck, als er erkannte, dass es Ratten waren, setzte er sich in das erhöhte Fensterbrett und hielt sich die ganze Nacht an den Stäben fest, bis morgens die Wache kam und er befreit wurde.

Fontanes Hafterlebnisse, es waren wohl nur 14 Tage, habe ich mit großem Mitgefühl gelesen und sie haben mir sehr geholfen, meine eigene Situation besser zu ertragen.

Besonders half mir ein Gedicht Fontanes, das wie kein anderes auf meine damalige Situation passte, aber mir auch heute noch viel bedeutet:

*"Es kann die Ehre dieser Welt
Dir keine Ehre geben
Was Dich in Wahrheit hebt und hält,
muss in Dir selber leben."*

Ich sagte mir Fontanes Zeilen oft innerlich vor, um die zahlreichen Demütigungen und Abwertungen abzuwehren, meinen Selbstwert und meine innere Würde zu bewahren. Zum Beispiel sagte mir ein Vernehmer: *„So, wie Sie jetzt aussehen, wird sie Ihr Mann nicht mehr mögen!"* oder: *„Ihre Kinder wollen sowieso bald nichts mehr von Ihnen wissen, da Sie ja ein Verbrechen begangen haben! Welches Kind will eine Verbrecherin als Mutter!"* Und vieles mehr. Wie ich wirklich aussah, konnte ich gar nicht überprüfen: Es gab ja in der Zelle keinen Spiegel und keine Uhr. Wir sollten uns nicht selber anschauen und nicht zeitlich orientieren können.

„Was dich in Wahrheit hebt und hält..." - Wie oft habe ich Fontanes Spruch leise vor mich hingesagt, wenn die Vernehmungen unerträglich waren. Und deswegen habe ich das Zitat auch als Titel für mein Buch verwendet.

Nach wiederholtem Nachfragen erhielt ich nach drei unendlich langen Monaten endlich die Mitteilung, dass meine beiden Mädchen nach einer Nacht im Krankenhaus in ein Kinderheim gebracht worden waren. Viel später erst erfuhr ich, dass es in Alt Stralau 34 in Berlin lag. Ein Kontakt war streng verboten. Mehrere Bittgesuche von meinem Mann und mir sowie von meiner Schwester und meinem Schwager haben nach einigen Wochen schließlich erreicht, dass die Kinder zu ihrer Patentante A. Sch. nach Zwickau übersiedeln durften. Eine noch angefragte Cousine T. U. meines Mannes hatte zuvor abgelehnt, beide Kinder zu sich zu nehmen. Sie hätte nur die ältere Tochter nehmen wollen, weil sie fürchtete, die jüngere würde zu viel Dreck in der Wohnung machen. Vielleicht waren ihr zwei Kinder auch einfach zu anstrengend. Doch eine Trennung unserer Töchter kam für uns nicht in Frage. Wenn sie schon drei Jahre ohne Eltern sein müssten, so sollten sie wenigstens einander haben und sich gegenseitig stützen können.

Haftanstalt GERA

Anfang Januar wurden mein Mann und ich getrennt nach **Gera** in die jeweiligen Haftanstalten verlegt, da der Prozess vor dem Bezirksgericht Gera stattfinden sollte. Unser Wohnsitz, Jena, gehörte zum Bezirk Gera.

Man wies mir eine Zelle mit einer westdeutschen "Schleuserin" zu, welche an einer Epilepsie litt und auch sonst psychisch auffällig war. Sicher war das beabsichtigt, es gab Probleme und Auffälligkeiten, die ich hier nur auszugsweise schildern kann. Zum Beispiel bekam sie über die bundesdeutsche Behörde viele Päckchen. Manchmal merkte sie, dass sie sich unmöglich benommen hatte und schenkte mir dann als Versöhnungsangebot ein Stück Westseife. Sie hatte die Angewohnheit, ihr „großes Geschäft" immer zur

Mittagszeit zu erledigen, sodass mir jeglicher Appetit verging. Toiletten gab es nicht, nur Kübel ohne Spülvorrichtung, welche mitten in der Zelle ohne trennende Wand standen. Keinerlei Intimsphäre war gegeben, wir waren dem Gestank stundenlang ausgeliefert. Da tröstete mich ihr Versöhnungsgeschenk, ein Stück Westseife, tatsächlich ein wenig. Ich nahm es auch nachts heraus, roch daran, versuchte mich damit zu beruhigen – es war ein kleines Stück Verheißung: Würde ich tatsächlich irgendwann wieder frei sein? Diesen Duft so oft riechen können, wie ich nur wollte? Ich konnte es mir kaum vorstellen.

Verurteilung

Die Hauptverhandlung am 14. und 16. Januar 1975 - verurteilte uns zu einer Freiheitsstrafe zu **je 4 Jahren und acht Monaten.** Das Urteil entsprach dem Antrag der Staatsanwaltschaft. Verurteilt wurden wir aus folgenden Gründen:

1. Staatsfeindliche Verbindungen

„Wer zu Organisationen, Einrichtungen, Gruppen oder Personen wegen Ihrer gegen die Deutsche Demokratische Republik oder andere friedliebende Völker gerichtete Tätigkeit Verbindung aufnimmt, wird mit Freiheitsstrafe von einem Jahr bis zu fünf Jahren bestraft." Uns traf die Höchststrafe, da wir "eine Menschenhändler-Organisation" beauftragt hatten, uns aus der DDR zu schleusen.

2. Der Versuch ist strafbar

„Von wem die Verbindungsaufnahme ausgeht, ist für den Tatbestand ohne Bedeutung. Der Versuch ist z.B. verwirklicht, wenn der Täter andere Personen beauftragt, eine derartige Verbindung herzustellen." Wir hatten unsere Verwandten und Freunde gebeten, einen Weg für uns zu suchen, und das war strafbar.

3. Ungesetzlicher Grenzübertritt

"Wer für sich oder einen anderen eine Genehmigung zum Betreten oder Verlassen der Deutschen Demokratischen Republik erschleicht (...) und ohne staatliche Genehmigung das Gebiet der Deutschen Demokratischen Republik verlässt, wird mit einer Freiheitsstrafe von einem bis zu 5 Jahren Freiheitsentzug bestraft."

4. Devisenschmuggel

Da wir Schmuck und unsere Sparbücher bei uns trugen, wurde uns auch dieser Tatbestand angelastet und aufs Strafmaß angerechnet.

Das Urteil war ein großer Schock für mich, Ralf versuchte, mich liebevoll zu trösten, doch schlimmer hätte es kaum kommen können. Wir hatten für den Fall des Scheiterns der Flucht ausgemacht, dass mein Mann die ganze Verantwortung für den Fluchtversuch übernehmen würde, um für mich eine Strafminderung zu erreichen. So hätte ich schneller wieder bei unseren Töchtern sein können.

Wir blieben dabei, aber sie glaubten uns nicht, sie bezeichneten mich als die Hauptschuldige, sodass meine Strafe das gleiche Maß erhalten sollte wie die meines Mannes. Ehrlich gesagt, hatten wir ja auch alles gemeinsam besprochen, wie es bei einer so schwierigen Entscheidung gar nicht anders sein kann.

Ich weiß nicht mehr, wie ich in meine Zelle gelangte, begleitet von höhnischen Blicken der Aufseherin. Als mir die Tränen nur so runter liefen, kommentierte sie höhnisch: *„Selber schuld, Sie hätten sich früher überlegen sollen, was Sie tun!"* Mir wurde schlagartig klar, dass ich hier nicht das geringste Mitgefühl erwarten konnte und das es angezeigt war, vor anderen keine Gefühle zu zeigen. Das ging nur, wenn ich abends allein auf meiner Matratze lag oder gegenüber sehr vertrauten Mitgefangenen, aber auch da musste ich auf der Hut sein.

Wer nie sein Brot mit Tränen aß...

Wer nie sein Brot mit Tränen aß,
Wer nie die kummervollen Nächte
Auf seinem Bette weinend saß,
Der kennt euch nicht, ihr himmlischen Mächte!
Ihr führt in's Leben uns hinein,
Ihr lasst den Armen schuldig werden,
Dann überlasst ihr ihn der Pein:
Denn alle Schuld rächt sich auf Erden.
J. W. v. Goethe

Nun ging es in wenigen Tagen in den Strafvollzug. Es wurde uns nicht mitgeteilt, wohin, aber es sprach sich unter den Gefangenen doch herum: Hoheneck im

Erzgebirge, ein gefürchtetes Frauengefängnis. Mein Mann kam nach Bautzen, das als "gelbes Elend" bekannt ist. Er hatte das "Glück", von Anfang an als strafgefangener Arzt zu arbeiten, was offenbar etwas leichter zu ertragen war. So hat er es mir zumindest erzählt.

Transport in den Strafvollzug

Der Transport in den Strafvollzug fand entweder in der sogenannten „Minna" oder im Zug statt. Die „Minna", wie wir sie nannten, war ein Polizeiauto mit mehreren Blechkabinen, ohne Fenster und so eng, dass kaum ein kleines Kind darin Platz gefunden hätte. Ich bekam Platzangst, eingepfercht in diese Blechbüchse. Es war stockdunkel, ich sah nicht, wohin das Auto fuhr, konnte mich überhaupt nicht orientieren. Völlige Schwärze, das Gefühl des Eingesperrtseins und nicht richtig atmen zu können, der Blechgeruch, dazu das Geruckel auf dem Asphalt – es war schrecklich! Ich bat den Polizisten, die Tür wenigstens einen kleinen Spalt offen zu lassen, doch sobald ein anderer Polizist an der Reihe war, klappte die Tür wieder zu. Es hing ganz davon ab, wer gerade Dienst hatte: Ob ein Polizist mit einem Rest Menschlichkeit oder ein Sadist, der es auskostete, zu quälen oder der völlig abgestumpft war.

In der „Minna" fuhren wir nicht nur zum Strafvollzug, sondern auch, wenn wir uns gegenseitig besuchen durften.

Die zweite Transportmöglichkeit war der Zug. Hier wurde ein Zugwagen an einen Personenzug angehangen, der nach außen als Postwagen deklariert war.

Hier saßen wir zu viert in einem engen "Kabuff". Beim Umsteigen wurden wir wie schlimmste Schwerverbrecherinnen mit Handschellen an eine Polizistin gefesselt. Die anderen Fahrgäste auf dem Bahnsteig starten uns entsprechend an. Sie ahnten nicht, dass wir keinen Mord oder Raubüberfall begangen hatten, sondern Republikflüchtlinge waren, die aufgrund von Not und Schikane das Land hatten verlassen wollen.

Angekommen in Hoheneck mussten wir unsere Privatsachen in den „Effekten" (einer Kammer für alle mit vielen Fächern) abgeben, erhielten dafür alte ausrangierte Polizeikleidung, muffige blaue Röcke, Hosen sowie Blusen und Unterwäsche. Wir Ankömmlinge kamen zunächst in eine Aufnahmezelle mit anderen inhaftierten Frauen. Ich war so erschrocken, dass es hier auch echte Kriminelle gab, darunter Wirtschaftsverbrecherinnen, Mörderinnen - manche hatten ihr eigenes Kind getötet, um sich am Vater zu rächen - und andere Verbrecherinnen. Ich lebte vorher in dem naivem Glauben, in der DDR gäbe es keine solch schlimmen Straftaten, so etwas stand nie in der Zeitung, wurde uns DDR-Bürgern komplett verheimlicht. Und jetzt gab es hier sogar ein eigenes sogenanntes Mörderkommando. „Kommando" wurden die Gruppen genannt, die für eine bestimmte Aufgabe zuständig waren.

Trotz meiner erheblichen gesundheitlichen Schwäche nach der Operation, die zusätzlich durch die starke Gewichtsabnahme bedingt war, wurde ich für das Kommando "**ELMO**" eingeteilt. Dieses Kommando war für die Produktion von Elektromotoren zuständig.

Diese Arbeit galt als die schwerste im Strafvollzug. Genau deswegen wurden ihr bevorzugt politische Häftlinge, Ärztinnen oder Künstlerinnen zugeteilt. Wir mussten die Motoren mit der Hand wickeln. Der Draht war so scharf, dass er jedes Mal in die Haut einschnitt. Ich hatte starke Schmerzen, und es bildete sich eine starke Hornhaut, sodass ich oft kein Gefühl mehr in den Fingern hatte. Ernsthaft stellte ich mir die Frage, ob sich dieses Feingefühl je wieder einstellen und ich in der Lage sein würde, irgendwann wieder ärztlich tätig zu sein. Wie viel man pro Tag schaffen sollte, war in der „Norm" festgelegt. Sie war sehr hoch angesetzt, für mich nicht zu schaffen. Doch das durfte ich nicht zugeben, weil generell den politischen Häftlingen immer wieder Sabotage unterstellt wurde, also sich für die DDR nicht mehr anstrengen zu wollen. Deswegen quälte ich mich durch, so gut es eben ging. Irgendwann erkannten jedoch die Vorarbeiterinnen, dass ich es rein körperlich nicht schaffen konnte. So wurde ich vorübergehend an die **Kontrolle** gesetzt. Dort musste ich zusammen mit anderen Strafgefangenen prüfen, ob die angefertigten Motoren auch richtig gepolt (Plus und Minus) waren. An dieser Stelle zog ich mir dann den Neid vieler krimineller Frauen zu. Sie meinten, dass ihnen dieser Schonplatz zustünde. Viele von ihnen hassten uns „Politische" auch deswegen, weil wir die Chance hatte, eventuell in die Bundesrepublik auszureisen, was ihnen natürlich als „Langstrafer" verwehrt war.

In großer Gefahr

Ich ahnte damals noch nicht, dass dieser neue Platz für mich zu einer zweiten starken Prüfung werden würde. Ich hatte mich in kurzer Zeit eingearbeitet und war froh, das für mich völlig ungewohnte Arbeitsgebiet nach und nach zu beherrschen. Doch meine Ahnung, dass ich diesen Platz nicht lange innehaben würde, sollte sich bald bestätigen.

An den Sonntagen, den eigentlich arbeitsfreien Tagen, wurde immer wieder zu einer Sonderschicht aufgerufen. Zu ihr meldeten sich freiwillige Häftlinge, um ihre Verdienste aufzubessern, damit sie sich Zigaretten oder Süßigkeiten kaufen konnten. Es gab in der Haftanstalt einen Laden mit Kleinigkeiten. Meist meldeten sich zur Sonderschicht nur kriminelle Häftlinge. Die politischen waren froh, einen Tag Ruhe zu haben. Wir wollten nicht zusätzlich arbeiten, da unsere Freiheitsstrafen sowieso nicht gemildert wurden, es sei denn, wir würden uns dazu entschließen, wieder in die DDR zurückzukehren.

Diesem Angebot stimmten jedoch die wenigsten zu, obwohl die Vernehmer alles dafür taten. Mir zum Beispiel wurde gesagt, dass mich unsere Kinder nicht mehr wiedererkennen würden und nichts mehr von uns wissen wollten, wenn ich nicht in die DDR zurückkehren würde.

In einer dieser Sonderschichten am Sonntag passierte es: Eine strafgefangene Kriminelle, die am Kontrollpunkt arbeitete, **polte alle meine geprüften Motore um,** so dass sie unbrauchbar waren. Ob sie es im Auftrag einer anderen oder aus Neidgefühlen getan hat, konnte ich nie herausfinden. Das Schlimme war, dass die fehlerhaften Motoren mit **meiner Nummer** gekennzeichnet waren, also der Eindruck entstand, ich selbst hätte die Motoren absichtlich falsch umgepolt. Dies war ein Grund, mir Sabotage anzuhängen. Die Aufseherinnen glaubten, ich hätte als „Politische" der DDR mit voller Absicht schaden wollen. Ich ahnte davon nichts. So etwas Niederträchtiges hätte ich keinem Menschen zugetraut. Ich konnte mir damals nicht ausmalen, was in manchen Menschen vorgeht. Auch habe ich mir vor meiner Haft kaum vorstellen können, welch niedere Motive Menschen beherrschen können und welche Grausamkeiten sie sich gegenseitig zufügen, sogar ihren engsten Angehörigen.

Viele Jahre später habe ich erkannt, dass ich durch meine Haftzeit neben all den schlimmen Erfahrungen auch eine tiefe Reife gewonnen habe, Erkenntnisse, die ich sonst nie gewonnen hätte. Wobei ich mich oft auch gefragt habe, ob ich auf manche Erkenntnisse nicht auch gern verzichtet hätte. Ich habe die menschlichen Abgründe kennengelernt.

Ahnungslos kam ich aus der Nachtschicht, als ich plötzlich von einer wachhabenden Aufseherin aus dem Kommando isoliert und in eine Einzelzelle gesperrt wurde. Barsch fuhr sie mich an: *„Hier haben Sie Papier und Stift. Und jetzt begründen Sie, warum Sie durch*

Ihr Verhalten die DDR schädigen wollten. Sie haben Motore falsch gepolt. Das ist reine Sabotage und wird einen erneuten Prozess mit einem hohen Strafmaß nach sich ziehen!"

Ich war völlig sprachlos, was hatte ich getan? Das musste eine Verwechslung sein! Was sollte ich nur schreiben? Ich war mir doch keiner Schuld bewusst. Außerdem war ich nach dem Nachtdienst hundemüde. Ich war völlig kraftlos, durstig und hungrig. Aber es gab nichts. Auf mein Klopfen an der Tür reagierte niemand. Was sollte ich bloß machen?! Mir würde doch sowieso keiner glauben…

Nachdem ich meine Verzweiflung erkannt hatte und ahnte, dass hier ein Exempel statuiert wurde, nahm ich meine ganze Kraft zusammen und fing an zu schreiben. Ich weiß heute nicht mehr, wie mir die Worte zufielen, aber ich versuchte zu begründen, dass hier ein Versehen vorlag und ich nach bestem Wissen exakte Arbeit geleistet hätte. Wenn trotz meines Wissens und meiner Arbeit die Motore falsch gepolt seien, vermutete ich einen bösen Streich, den mir eine aus dem Kommando gespielt habe. Ich wüsste natürlich nicht, wer, aber aus welchen Motiven auch immer, es sei mir nicht erklärbar.

Ich schrieb etwa acht Seiten in reiner Verzweiflung. Wenn man mich tatsächlich der Sabotage verdächtigte und mir einen zweiten Prozess erklären würde, würde ich weitere zehn Jahre bekommen, so dass ich insgesamt 15 Jahre würde „sitzen" müssen. Nicht auszudenken...

Nachmittags gegen sechzehn Uhr wurde meine Zelle geöffnet. Ich atmete auf, endlich etwas zu essen und zu trinken, so hoffte ich, vielleicht einige Stunden nach der Nachtschicht Schlaf – doch Fehlanzeige! Die Wachhabende fragte nach den Papieren - und zu meinem großen Entsetzen nahm sie diese und zerriss sie vor meinen Augen, bevor sie hämisch sagte: *„So, und nun schreiben Sie das Ganze noch einmal!"*

Ich kann die Gefühle, die mich überwältigten, kaum schildern: Rasende Wut packte mich und gleichzeitig das Gefühl, dieser Schikane ohnmächtig ausgeliefert zu sein.

Am liebsten hätte ich ihr spontan eine Ohrfeige gegeben oder hätte sie beschimpft, ich war kurz davor, doch ich musste mich beherrschen – sie wollte mich ja provozieren, um mir noch ein weiteres Verfahren **„Gewalt gegen die Staatssicherheit"** aufzubürden. In Sekundenschnelle musste ich mich beruhigen, mir gut zureden, mich kontrollieren... Innerlich mahnte ich mich zur Ruhe: *„Christa, kein Wort, schweige, es geht nicht anders!"* Ich wurde wieder in die Zelle geschlossen und schrieb noch einmal alles auf. Zum Nachtdienst holte man mich raus, ich hatte 24 Stunden nicht geschlafen und sollte weitere 8 Stunden arbeiten...ich war sehr verzweifelt...

In den folgenden Tagen und Wochen war ich völlig niedergeschlagen, die Angst, dass man mir nicht glauben und weiterhin Sabotage unterstellen würde, beherrschte alles.

Ich war so verzweifelt, dass ich um Rechtsbeistand bat, der mir nicht gewährt wurde. Wiederum standen mehrere Vernehmungen zu meiner "Tat" auf der Tages- und Nachtordnung. Ich ließ sie über mich ergehen. Ich konnte nur immer wieder meine Vermutung aussprechen, dass es eine andere Strafgefangene mutwillig getan hat. Man glaubte mir nicht, oder wollte mir nicht glauben. Ich war so bedrückt und konnte kaum noch schlafen. Ich grübelte, was alles geschehen könnte und wurde immer unglücklicher.

Als der Tag der Schreiberlaubnis kam, an dem ich an meinem Mann einen Brief schreiben durfte, schrieb ich alle meine Verzweiflung in diesen Brief. Ich schrieb, was man mit mir vorhatte, dass es bösartige Unterstellung sei und dass ich, falls es zu einem Prozess käme, all diese Schikanen, diese unwürdige Behandlungen und den psychischen Terror aufdecken würde. Dass es für mich jetzt nichts mehr gäbe, worauf ich Rücksicht nehmen müsste. Meine ganze Seelenqual war darin zu lesen.

Diesen Brief hat mein Mann nie erhalten, wie er mir nach unserer Entlassung gesagt hat, aber der Brief hat vielleicht erreicht, dass mir doch noch geglaubt wurde und es zu keinem weiteren Prozess mehr kam. Das Verfahren wurde niedergeschlagen. Mir ist heute noch nicht klar, ob ich psychisch damit fertig gemacht werden sollte, oder ob tatsächlich meine Motore von einer kriminellen Strafgefangenen umgepolt worden sind. Das wird sich leider nicht mehr aufklären lassen. Möglich ist es, der normale Mensch kann sich kaum vorstellen, welche menschlichen Abgründe sich in der Haft offenbarten, zu welchen Taten Menschen fähig sind, besonders dann, wenn sie vom Elternhaus keine Geborgenheit, Liebe und Vertrauen empfangen haben.

So hat sich mir einmal eine Mitgefangene anvertraut, dass sie nicht wüsste, was Liebe sei und ob ich ihr dazu etwas sagen könnte. Sie hatte ihr eigenes Kind umgebracht aus Eifersucht, da der Mann eine andere Geliebte hatte und er an dem Kind hing. Damit wollte sie ihn strafen. Zwei Nächte habe ich mich mit ihr unterhalten und auf den nötigen Schlaf verzichtet, doch weiß ich nicht, ob ich sie erreichen konnte. Einige meiner Mitgefangenen vermuteten sogar, dass es diese Frau gewesen sein könnte, die meine Motore umgepolt hätte. Ich weiß das nicht. Das Ergebnis war, dass ich von meinem Kontrollposten, an dem ich mich ja inzwischen gut eingearbeitet hatte, auf den normalen Arbeitsplatz versetzt wurde, an dem ich wieder Motore mit der Hand wickeln musste, bis meine Hände blutig und verhornt waren. Fester Draht wurde um eine Spule gewickelt und schnitt dabei so in die Finger ein, dass durch die vielen Schnittwunden und dadurch bedingten Schwellungen die Arbeit sehr schmerzhaft war.

In der Zelle waren wir zu 24 Personen eingeschlossen, in dreistöckigen Betten, weitere 24 Personen waren in einer Nachbarzelle untergebracht. Für die 48 Menschen gab es nur einen gemeinsamen Waschraum mit Toiletten. Dieser besaß einen langen Trog, wie es für Vieh üblich ist, mit jeweils drei Wasserhähnen, aus denen nur eiskaltes Wasser floss.

Man durfte sich nur wenige Minuten waschen, da für die vielen Menschen die Zeit sonst nicht gereicht hätte. Wahrscheinlich lag es am eiskalten Wasser, dass ich in den Haftjahren nie erkältet war. Gelegentlich durften wir auch duschen. Als ich das erste Mal in den "Genuss" kam, freute ich mich, aber es war auch eine Tortur! Auf Kommando mussten wir uns alle schnell ausziehen, dann durften wir in den Duschraum, etwa 5 Personen mussten gleichzeitig unter eine einzige Dusche. Da gab es ein Geschubse und Gegröle, wenn aus den Duschen nur **eiskaltes** Wasser oder plötzlich **kochend heißes Wasser** floss! Die Duschen wurden von der Wachhabenden von außen eingestellt, so dass wir keinerlei Einfluss hatten und ihrer Willkür und Schadenfreude hilflos ausgeliefert waren.

Mein erster Eindruck dieses Raumes war schrecklich. In der alten Burg „Hoheneck" war dieser Raum mit großen Rohren durchzogen, wahrscheinlich Heizungsrohren. An den Wänden und von der Decke blätterte schon der Putz ab. Ich hatte ganz eigene Assoziationen: Wenn aus den Duschen Gas strömt, sind wir alle tot. Schon einmal hat ein diktatorisches System zahlreiche Menschen so umgebracht, die hofften, sich einfach nur duschen zu können.

Nach wenigen Minuten erscholl wieder der Befehl, sich schnell anzuziehen. Ständig standen wir unter Hektik und Stress.

Begegnungen

Eine positive Seite der schlimmen Jahre möchte ich nicht vergessen zu schildern: Trotz strenger Überwachung – wir durften ja nicht mit Strafgefangenen eines anderen Kommandos reden – gab es doch die Möglichkeit, Blicke und heimlich auch einige sogenannte "Kassiber" (=Zettelchen) auszutauschen, ohne dass das Wachpersonal es merkte.

Es hatte sich in einzelnen Kommandos herumgesprochen, wer "Republikflucht" begangen hatte und so suchte ich Kontakt zu Gleichgesinnten. Auf diese Weise erhielt ich Schokolade, die eine Mitgefangene vom „Sprecher" (einem Gesprächstermin mit ihrem Mann) erhalten hatte, selbst genähte Waschlappen, Seife oder andere nützliche Dinge. Oft waren es auch Sprüche und Gedichte, die mir halfen, die schwere Zeit zu überstehen.

Aus diesen Kontakten sind Freundschaften fürs Leben entstanden, unzerstörbare Bindungen, da wir gemeinsam eine so schwere Zeit überstanden haben. Wenn ich das Glück hatte, mit einer Gleichgesinnten in der Zelle zu sein, konnte ich mit ihr über all meine Ängste sprechen und die erhaltenen Briefe austauschen. Gegenseitig sprachen wir uns immer wieder Mut zu.

Wir teilten schwesterlich das Wenige, das wir bei einem „Sprecher" erhalten hatten. Dieses Mit- und Füreinander gab mir unwahrscheinlich Kraft. Es ist für mich eine große Freude, dass ich mit ein paar dieser Menschen auch heute noch eine innige ehrliche Freundschaft pflege.

Frische Erdbeeren

Ein weiterer Höhepunkt in dieser dunklen Zeit waren die Besuche, die zwar spärlich, aber deutlich zeigten, dass auch die Außenwelt mich nicht vergessen hat.

So durfte mich in der Untersuchungshaft meine Schwiegermutter besuchen. Sie war damals 77 Jahre alt, doch trat trotz ihres Alters sehr energisch auf. Wir hatten sie schweren Herzens in unsere Fluchtabsicht nicht eingeweiht, um sie zu schützen. Nun war sie über unsere Inhaftierung verzweifelt und entsetzt, sie wollte alles tun, um uns wieder in die DDR zurückzuholen. Das war aber ein großes Problem. Auch wenn uns die Staatssicherheit versprochen hatte, dass wir bei Rückkehr in die DDR wieder unseren bisherigen Beruf ausüben könnten, trauten wir den Worten nicht. Wir hielten sie für leere Versprechungen, weil wir schon vor unserer Flucht von Betroffenen erfahren hatten, dass die Zusagen nicht eingehalten wurden, sondern nur ein Lockmittel waren, um die Betroffenen umzustimmen. Außerdem hätten wir dann als Fluchtwillige gegolten und hätten damit rechnen müssen, besonders stark observiert zu werden. Doch der entscheidende Grund war, dass wir nicht mehr in der DDR leben wollten, in einem Land, das jegliche freie Meinungsäußerung in Wort oder Schrift unterband und die Menschen unterdrückte. Die Erlebnisse in der Haft, besonders die wiederkehrenden Schikanen und der allgegenwärtige Psychoterror, bestärkten uns in dem Entschluss, auf keinem Fall in der DDR zu bleiben.

Meine Schwiegermutter hatte mir zum „Sprecher" frische Erdbeeren mitgebracht. Barsch wurde sie zurechtgewiesen, dass das nicht erlaubt sei. Sie reagierte nicht und sagte stattdessen, dass ja schon der Saft durch den Pappkarton liefe und sie die Erdbeeren auf keinen Fall zurücknehmen könne. Außerdem warte sie jetzt schon zwei Stunden, um mich zu sehen. Ihre Geistesgegenwart und ihr mutiges Auftreten erreichten das Wunderbare: Ich erhielt die Erdbeeren tatsächlich, was für mich eine ganz seltene Delikatesse bedeutete und mir bis heute unvergesslich ist.

Es war für uns beide sehr ergreifend: durch unseren Entschluss zur Flucht und deren Scheitern hatte ich ihr zugemutet, mich im Gefängnis zu besuchen. Es war nicht einfach, zu sehen, wie sie darunter litt, dass auch ihr Sohn dieses schwere Schicksal ertragen musste. Wie sollte ich ihr in dieser Situation erklären, wie schmerzhaft es auch für mich war, von unseren Kindern auf ungewisse Zeit getrennt zu sein? Und nicht zu wissen, wann ein Wiedersehen möglich wäre? Ich habe sie getröstet, so gut es ging, dabei hätte ich den Trost selbst so sehr gebraucht.

Nur zweimal im Jahr konnte ich meinen Mann sehen und sprechen. Das waren Höhepunkte, aber sie waren auch mit großen Demütigungen verbunden. Meist wurde ich in der engen „Minna" nach Bautzen transportiert und hatte Angst in diesem Käfig voller Dunkelheit.

Der Sprecher von **nur knapp einer halben Stunde** wurde von zwei Polizeibegleitern geführt, einer für meinen Mann und eine Polizistin für mich. Eine persönliche Umarmung war nicht erlaubt, mehrere Meter saßen wir auseinander, dazwischen die Polizisten mit Pokermine, die jedes Wort genau verfolgten.

Es bedurfte schon der verständnisvollen Blicksprache, um das ausdrücken, was Worte nicht durften.

Mein Mann hatte als Gefängnisarzt mehr Einkaufsgeld und brachte mir dann meist Schokolade, Gebäck und Seife mit. Alles Artikel, die ich mir auf Grund der nicht erfüllten Arbeitsnorm selbst nicht leisten konnte, da ich nur wenige Mark im Monat verdiente. Trotz alledem waren diese persönlichen Treffen Höhepunkte, der Schmerz war der gleiche, die Sorge um unsere Kinder, jeder gab dem anderen Kraft, durchzuhalten und das Gefühl, es gemeinsam zu tragen. Wir hofften so sehr, durch die Bemühungen der Bundesrepublik und den Einsatz von meinem Schwager und meiner Schwester vorzeitig entlassen zu werden. Aber es sollte noch lange dauern.

Einmal besuchte mich Tante A., bei der die Kinder inzwischen untergekommen waren. Das war natürlich eine große Freude für mich, konnte ich jetzt doch hören, wie es ihnen erging. Sicher sagte sie mir nur Gutes, um mich nicht zu beunruhigen, und doch habe ich jedes Wort aufgesaugt, um nichts zu überhören. Sie hatte einige selbstgemalte Bilder dabei. An denen konnte ich sehen, wie der Gemützstand unserer Kinder war. Natürlich habe ich mir große Vorwürfe gemacht, die Kinder in diese Situation gebracht zu haben. Und doch haben sie mir später mehrfach versichert, dass sie dankbar sind, in Freiheit zu leben und dass sie den Schritt für richtig gehalten haben, auch wenn er für alle Beteiligten ein großes Opfer war.

Die Fragen, die das Leben uns stellt, können wir nur nach besten Wissen und Gewissen beantworten. Wir können nicht jede Eventualität mit bedenken, uns nicht vor jeder Enttäuschung und Niederlage schützen. Und es gibt auch einen „Mut der Verzweiflung", bei dem es nur den hoffenden Blick nach vorn und kein Zurück mehr gibt.

Eine neue Aufgabe

Eines Tages wurde ich in den Trakt der Staatssicherheit zu einem Gespräch gebracht. Schon wieder war ich voller Anspannung. *„Was erwartet mich da? Christa, sei auf der Hut!"* Dort wurde mir eröffnet, dass ich in ein anderes Gefängnis verlegt werden soll und zwar nach Leipzig, wo ich als Gefangenenärztin tätig sein sollte. Ich war völlig überrascht. *„Was soll das?"*, ging es mir durch den Kopf, *„nun sitze ich schon 2 Jahre, und mit jeden Tag hatte ich die Hoffnung, endlich auf Transport in den Westen zu gehen und nun dies? Bedeutet das für mich, dass ich meine volle Strafe von **4 Jahren und 8 Monaten** absitzen muss"* Ich weiß nicht, was mir genau durch den Kopf ging, aber plötzlich hörte ich mich sagen: *„Das mache ich auf keinen Fall. „Ich werde für diesen Staat nicht mehr als Ärztin arbeiten."* Ich befürchtete, dann erst recht nicht in den Westen zu dürfen, weil Ärzte ja gebraucht werden.

Außerdem war ich sehr besorgt, in ein Gefängnis zu kommen, wo ich nur mit Kriminellen zusammen bin und keine Gleichgesinnten treffe, mit denen ich mich geistig austauschen kann. Hier in Hoheneck hatte ich Menschen gefunden, die meine Sprache sprachen. Wir konnten uns gegenseitig trösten und immer wieder Hoffnung wecken, vielleicht bald in Freiheit zu sein. In meine Gedanken versunken hörte ich plötzlich die Antwort des Stasi-Mannes: *„Sie haben hier nichts zu bestimmen, die Entscheidung treffen allein wir."* Das saß.

Mit sonderbaren Gefühlen kam ich in meine Zelle zurück und war frustriert, alte Gewohnheiten zu verlassen und mich wieder neu einleben zu müssen. Bestätigt wurden meine Zweifel durch eine Kriminelle, die wegen Wirtschaftsvergehen einsaß und meinen Mann von früher kannte. Sie war immer sehr freundlich und ich dachte in meiner Arglosigkeit, dass sie auch ehrlich sei. Eines Tages teilte sie mir mit, dass die Transporte nach dem Westen eingestellt seien und die politischen Häftlinge nach Abbüßung ihrer Strafe alle wieder in die DDR entlassen würden. Allein der Gedanke war schrecklich! Aber wir Politischen hatten uns ausgemacht, sobald eine davon im Westen sei, uns durch verklausulte Worte mitzuteilen, dass doch weiter Transporte in den Westen liefen. Immerhin erhielt die DDR ja Unsummen von der Bundesrepublik für den Freikauf politischer Häftlinge. Die Summe war von der beruflichen Stellung des Gefangenen abhängig. Deswegen müssten die Transporte weiterlaufen, aber Beweise fehlten uns. Mit diesem Gerücht im Hintergrund sollte ich nach Leipzig gehen. Aber in meinem Herzen hatte ich immer noch einen Funken Hoffnung, ohne diesen hätte ich diese schwere Zeit nicht überlebt.

Noch bevor ich Hoheneck verlassen musste, erhielten wir eine verschlüsselte Nachricht, dass auch der letzte Transport in den Westen gegangen sei. Warum hatte die Kriminelle, die sich mir gegenüber als Freundin ausgab, mich dann derart verunsichert? Welche Gefühle haben sie bewogen, mir bewusst etwas Falsches mitzuteilen? War es Missgunst, Neid? Warum wollte sie mich treffen? Ich weiß es bis heute nicht.

Wieder ertönte das Kommando: **„Sachen packen! Beeilung!"** Wieder diese Tortur, in der „Minna" zu sitzen, mit Handschellen am Bahnhof, und schließlich der Transport ins Leipziger Gefängnis. Eine Nacht mussten wir auf dem Boden schlafen, am nächsten Tag kamen wir im Leipziger Gefängnis in der Beethovenstraße an. Dort saßen wie befürchtet überwiegend „asoziale" Kriminelle ein.

Als „asozial" wurde in der DDR jemand bezeichnet, der keiner geregelten Arbeit nachging, denn es war Pflicht, in der DDR zu arbeiten, ansonsten kam man ins Gefängnis mit einer Strafe von mindestens 2 Jahren.

Ich kam nun in eine kleinere Zelle mit 5 Personen. Ein großes Glück für mich war, dass darin auch eine republikflüchtige Zahnärztin war, die in diesem Gefängnis als Gefangenenzahnärztin arbeiten musste.

Wir haben uns sehr gut verstanden, leider war die gemeinsame Zeit relativ kurz, da sie bald auf Transport in den Westen ging.

Die ersten Tage hatte ich auf Anweisung einer Frau Oberst, die besonders „nett" zu den Politischen war, sämtliche Toiletten zu reinigen. Streng kontrollierte sie, ob auch alles pieksauber war, es bereitete ihr sichtlich Vergnügen, mich zu striezen.

Aber danach kam ich ins Gesundheitswesen. Hier arbeitete ich mit einer „Frau Meisterin" zusammen. Sie war eine ganz große Ausnahme, weil sie freundlich zu mir war und das Herz am rechten Fleck hatte. Obwohl sie mir als Aufseherin zugeteilt worden war, konnten wir gut beruflich zusammenarbeiten. Sie war ein fröhlicher Mensch, sang oft und viel. Sie hatte sich menschliche Qualitäten bewahrt, was in diesem Beruf sehr selten ist. Es war ihr anzumerken, dass sie den Beruf der Krankenschwester aus Berufung gewählt hatte.

Zur Einarbeitung musste ich zunächst den von draußen kommenden Ärzten assistieren, die an bestimmten Tagen ihre Sprechstunde abhielten. Das war ein Hautarzt und ein HNO Arzt. Als ich den Hautarzt fragte, welche Salbe er bei den verschiedenen Erkrankungen anwende, antwortete er lakonisch: *„Geben sie immer die, von der am meisten da ist!"* Auch ein Standpunkt.

Als der HNO Arzt kam, war ich baff erstaunt, einen **ehemaligen Semesterkollegen** zu treffen. Er war genauso überrascht wie ich, und fragte mich, ob ich RF (republikflüchtig) sei. Meine Frau Meisterin, die mich ja ständig kontrollieren sollte, ging freundlicherweise gleich in das Nachbarzimmer, so dass wir unbeobachtet einige persönliche Worte wechseln konnten. Als er sich verabschiedete, sagte sie zu ihm, er solle bei seiner nächsten Sprechstunde einige belegte Brötchen mitbringen, damit wir gemeinsam essen können. *„So, Schnäbelchen"*, sagte sie immer liebevoll zu mir, wenn wir allein waren *„nun essen Sie mal tüchtig, ich gehe raus und singe - sobald ich aufhöre, besteht Gefahr, dann wissen Sie Bescheid!"* Da wurde mir klar, dass **jeder jeden** kontrolliert. Was ist das für ein Staat, der seinen Bürgern so wenig traut? In dem sogar die Aufseherinnen kontrolliert werden?

Ärztin der Gefangenen

Wie das in allen Gefängnissen der DDR üblich ist, arbeiteten die einzelnen Kommandos in drei Schichten: **Frühschicht, Spätschicht und Nachtschicht.** Fast immer war zu jeder Schicht etwas los. Die Kriminellen kamen auf die ungewöhnlichsten Ideen, um sich vor der Arbeit zu drücken. So war es nicht selten, dass sie Nadeln in ihre Brust stachen und wir sie dann mühevoll herausoperieren mussten. Oder sie provozierten durch Hyperventilation Panikattacken und Krämpfe, sodass die Aufseherinnen immer sofort einen Arzt rufen mussten. Das war meistens ich, da an den späten Abenden und auch nachts kein freier Arzt mehr ins Gefängnis kommen wollte.

Das belastete mich sehr. Wenn ich gerade müde auf meine Pritsche fiel und im ersten Schlaf war, rief mich eine Aufseherin zu einer Patientin. Oft habe ich nur drei bis vier Stunden nachts geschlafen und war darüber hinaus tagsüber voll im Einsatz. Manchmal stellte mir meine Meisterin eine Tasse Kaffee (was nicht erlaubt war) auf den Kühlschrank, die mich stärken sollte – und daneben eine Pfefferminztablette. Sobald sie aufhörte zu singen, stellte ich die Tasse weg und lutschte meine Pfefferminztablette, damit die Frau Oberst, die ja wieder meine Frau Meisterin kontrollierte, nicht roch, dass ich Kaffee getrunken hatte. Noch heute, während ich dies schreibe, bin ich gerührt über diese kleinen menschlichen Gesten der Frau Meisterin. Sie war ein Engel in der Hölle.

Einmal wurde ich nachts zu einem Notfall gerufen. Eine kriminelle Strafgefangene war für eine Nacht in eine dunkle Wasserzelle gesperrt worden. Ich war geschockt über das Bild, das sich vor mir auftat: Die Frau stand in einem großen Wasserbecken, das mit eiskaltem Wasser gefüllt war. Dieses Folterwerkzeug wurde offenbar zur Strafe oder Erpressung eingesetzt. Die Strafgefangene stand nackt bis zu den Hüften im eisigen Wasser. Sie zitterte am ganzen Körper und hatte starke Schmerzen in der Lendenregion. Ich schrie die Polizistin an: *„Sofort raus aus dem Wasser! Wickeln Sie die Frau in warme Decken und legen ihr Wärmflaschen an den Körper!"* Anscheinend galten mein ärztlicher Rat und mein Entsetzen doch etwas. Jedenfalls durfte die Frau aus dem Wasser aussteigen und erhielt Decken. Über dieses schreckliche Erlebnis habe ich vor Jahren auch in einem Fernsehinterview Auskunft gegeben. Es macht mich tief betroffen, dass die DDR auch vor solch entwürdigenden und unmenschlichen Methoden nicht zurückschreckte.

Kissen besticken

Inzwischen hatte sich die Anstaltsleitung zur Aufgabe gemacht, den jugendlichen Strafgefangenen in ihrer Freizeit eine sinnvolle Aufgabe zu geben. Sie sollten die Möglichkeit haben, Kissen zu besticken. Zunächst hatten die Aufseherinnen, einschließlich der Frau Oberst, die Aufgabe, selbst ein Kissen zu sticken, um zu prüfen, wie viel Zeit man benötigt.

Unsere Frau Oberst hatte aber keine Lust, sich so unter Druck setzen zu lassen und teilte uns mit, dass meine Zahnarztkollegin und ich so schnell wie möglich das Kissen für sie fertig stellen sollten. Diese Tätigkeit sollten wir in den kurzen Abendstunden nach der Arbeit erledigen. Mit gemischten Gefühlen haben wir uns beide an die Arbeit gemacht, eine fing oben an und die andere unten am Kissen. Das Schöne dabei war, dass wir uns nicht mehr im Verwahrraum, sondern im zahnärztlichen Dienstzimmer, getrennt von den anderen Gefangenen, aufhalten und dabei unsere Gedanken und Gefühle miteinander teilen konnten. Auf der anderen Seite störte es uns, für jemanden zu arbeiten, der uns hasste und nur benutzte.

Aber es kam alles anders, als wir dachten. Bei einer Kontrolle entdeckte eine Aufseherin unsere Arbeit und fragte, in welchem Auftrag wir diese Arbeit verrichten. Als sie hörte, für wen, war sie empört: *„Wir setzen uns abends hin, und die lässt es von Strafgefangenen machen!"* So war auch untereinander viel Missgunst vorhanden. Es kam, wie es kommen musste. Die Arbeit wurde uns weggenommen und Frau Oberst musste den Rest selber machen.

Weihnachten

Das Weihnachtsfest war immer eine große Belastung für mich. Alle meine Gedanken gingen zu meinen beiden Lieblingen: Wie geht es ihnen wohl? Wie kommen sie mit der Trennung von den Eltern zurecht? Ob sie uns sehr vermissen? Jetzt müssen sie schon wieder das Weihnachtsfest ohne ihre Eltern verbringen.

Meine Zahnarztkollegin und ich hatten eifrig von den Mitgefangenen Streichholzschachteln gesammelt, jeder 48 Stück, weil wir vorhatten, unseren Kindern einen Adventskalender zu basteln. Eingeweiht hatten wir nur die Frau Meisterin und sie gebeten, uns Buntpapier zu geben. Diese Arbeit wollten wir gern im Zahnarztbehandlungsraum durchführen, er hatte einen großen Tisch, an dem wir arbeiten konnten. Aber wie stellen wir es an, dass uns keine Aufseherin bei dieser Arbeit überrascht, die wir ja sowieso nach der Arbeit durchführen wollten. Da kam uns eine tolle Idee. Wir teilten dem Aufsichtspersonal mit, dass wir die Instrumente sterilisieren müssen, und da das ja keimfrei sein muss, müssten sie anklopfen, damit wir Vorsorge treffen, damit nichts unsteril wird. So haben wir manchmal ein Brot heimlich im Sterilisator geröstet, welches uns Gefangene, die in der Küche gearbeitet haben, zusteckten. Und voller Heißhunger das frisch getoastete Brot gegessen. In solchen Situationen konnten wir für ein paar Minuten vergessen, wo wir waren. Wir waren so glücklich über die kleinen Extras und darüber, dass es gelungen war, die Aufseherinnen auszutricksen.

In mühevoller Kleinarbeit und unter Tränen haben wir jeder 48 Streichholzschachteln beklebt und dann in jedes ein Stück Schokolade, ein Bonbon oder ein Plätzchen eingepackt, das wir uns kaufen konnten. Diese Arbeit hat uns manche halbe Nacht gekostet, aber die Freude, etwas für unsere Kinder zu tun, hat uns entschädigt und ließ uns unsere schreckliche Lage vorübergehend vergessen.

Läuseplage

Eines Tages stellte sich heraus, dass mehrere Arbeitskommandos Kopfläuse hatten. Das waren meist zwischen 40 und 50 Frauen. Meine Kollegin und ich waren beide voll im Einsatz. Immer wenn ein Kommando von der Arbeit kam, nachmittags um 14 Uhr, abends um 22 Uhr oder früh um 6 Uhr, mussten wir alle Gefangenen untersuchen und behandeln. Wir bekamen ein scharf riechendes Mittel, womit die Gefangenen die Haare waschen mussten. Wenn wir fertig waren, haben wir uns prophylaktisch auch die Haare gewaschen, um zu verhindern, dass wir bei den schlechten hygienischen

Bedingungen auch Läuse bekamen. Wir waren froh, als diese Aktion vorbei war.

Vortrag über die Haut

Einmal wurde mir eröffnet, dass ich einen Vortrag über die Folgen der Tätowierung in der Haut halten solle, da in letzter Zeit viele Tätowierungen heimlich durchgeführt wurden. Offiziell war es streng verboten. Bevor ich zu etwa 1000 Gefangenen reden sollte, müsste ich den Vortrag vor dem Personal im kleinen Kreis halten, damit sie beurteilen könnten, ob er geeignet sei.

Ich bat um Fachliteratur, da ich ja inzwischen nicht mehr auf dem neusten Stand sei, außerdem bat ich um eine Tafel und um bunte Kreide.

Es war mir ein Vergnügen, wieder ein medizinisches Buch in den Händen zu halten. Eigentlich brauchte ich es nicht, ich hatte genug in meinem Beruf über die Haut gelernt und auch darüber Vorlesungen gehalten, doch ich genoss es, nach so langer Zeit mit einem medizinischen Fachbuch zu arbeiten.

Ich hielt eine dreiviertel Stunde lang den Vortrag vor dem Personal, ohne Konzept, mit bunten Skizzen zum Aufbau der menschlichen Haut, um auf die Gefahren der Tätowierung hinzuweisen. Ich glaube, sie hatten außer politischen Referaten noch kein medizinisches Referat gehört und staunten verhalten über das Dargebotene. Ich hatte meine Probe bestanden. Jetzt durfte ich den Vortrag vor den Strafgefangenen in mehren Gruppen vortragen.

Das hat mir richtig Spaß gemacht und mich kurz an meine alte Tätigkeit an der Universität mit Studenten und Studentinnen erinnert.

Wieder allein

Inzwischen war meine Zahnarztkollegin nach Karl-Marx-Stadt gekommen, von dort ging der Transport in den Westen. Ich habe es ihr so gegönnt, sie war völlig fertig, aber mir ging es auch nicht besser. Ich war verzweifelt, dass sich bei mir nichts tat. Außerdem hatte ich nun keinen Menschen mehr, dem ich meine Sorgen anvertrauen konnte. Jetzt war ich wieder ganz allein auf mich gestellt, es war sehr schwer. In meiner Zelle war zum Glück noch eine Frau im mittleren Alter, die unglücklicherweise auch als „Asoziale" verurteilt worden war, was jedoch gar nicht stimmte. Sie erzählte mir ihr Schicksal:

Ihr Mann war in einem angesehenen Beruf tätig und verdiente genug, so dass sie nicht arbeiten musste. Aus welchem Grund auch immer hatten sie die Scheidung beantragt und wurden auch vom Gericht geschieden. Nach dem Urteilsspruch waren beide so erschüttert, dass sie sich in die Arme fielen und weinten und von da an beschlossen, wieder zusammenzuleben. Gesagt, getan. Da der Mann gut verdiente und sie in geordneten Verhältnissen lebten, ging sie wie vorher keiner Erwerbsarbeit nach. Aber sie war ja nun nicht mehr verheiratet. Das durfte es in der DDR nicht geben, bei einem Mann zu wohnen, ohne verheiratet zu sein, das war Ausnutzen, das war „asozial". Nachdem sie aufgefordert wurde, sich eine Arbeit zu suchen und es nicht tat, weil sie es nicht einsah, wurde sie zur „Klärung einer Sachlage" aufs Gericht bestellt und im Schnellverfahren zu zwei Jahren Haft verurteilt. Sie war völlig verzweifelt, ihr Mann versuchte, die Haftzeit zu verkürzen. Ob es ihm gelungen ist, weiß ich nicht.

Ich erinnere mich mit Schrecken daran, dass ich auch beinahe im Jahre 1964 als „asozial" hätte verurteilt werden können, wie man mir sagte.

Als mein Mann und ich uns im Jahre 1964 einig waren, dass Ralf und ich im Dezember 1964 heiraten werden, beschloss ich - da ich im selben Institut arbeitete - im Oktober zu kündigen, um dann gemeinsam in einer neuen Stadt eine Arbeit zu suchen. Das war damals so üblich, dass man als Paar nicht an derselben Arbeitsstelle sein durfte. Auch unser gemeinsamer Chef wollte keine Ehepaare bei sich beschäftigen.

Ich war Monate ohne Stelle. Wie mir die Stasi bei meiner Verhaftung mitteilte, war es mein Glück, dass ich nicht von Ralf, meinem zukünftigen Mann abhängig war, da ich eigene Ersparnisse hatte, von denen ich leben konnte. Außerdem hatte ich nach dieser Entscheidung bis zu meiner Verheiratung wieder bei meinen Eltern gewohnt - und nicht bei meinem zukünftigen Mann. Noch heute, wenn ich daran denke, überläuft mich ein kalter Schauer. So schnell kann es gehen und so ahnungslos war ich!

Ein fadenscheiniges Angebot

Eines Tages sagte die Frau Meisterin zu mir: *„Strafgefangene Schnabel, der Anstaltsleiter fordert sie auf, zu ihm zu kommen!"*

Alarmstufe 1. Das konnte nichts Gutes sein. Also sagte ich mir: *„Volle Konzentration, kein Wort zu viel, klar denken und überlegen!"* Sicher war mein Blutdruck wieder sehr hoch, wie immer in solchen Stress-situationen.

Meine „Frau Meisterin" kam mit. Man durfte ja nie alleine gehen, immer nur in Begleitung einer Polizistin.

Dort angekommen, wurde mir ganz ungewohnt ein Platz angeboten. Dann fragte mich der Anstaltsleiter, ob ich eine Tasse Kaffee möchte. Ich spürte, wie mir das Blut in den Kopf stieg. *„Das bedeutet nichts Gutes, Christa, hier musst Du sehr aufpassen"*, sagte ich mir innerlich.

Das Gespräch begann so: *„Ja, Strafgefangene Schnabel, Sie leisten hier sehr gute Arbeit, wie ich gehört habe, und auch an Ihrer alten Arbeitsstelle in Leipzig war man sehr zufrieden mit Ihnen..."* Ich schwieg, *„Was kommt jetzt?"*, dachte ich. Da ließ er die Katze aus dem Sack, *„deswegen mache ich Ihnen ein Angebot"*, sagte er. *„Sie können kurzfristig entlassen werden und Ihre alte Tätigkeit wieder aufnehmen, wenn Sie Ihren Antrag auf Ausweisung zurücknehmen und wieder in die DDR zurückgehen. Auch ihr Mann würde wieder an seinen* *alten Arbeitsplatz zurückkehren. Sie hätten bald Ihre Kinder wieder.*"

„*Nicht diskutieren!*" dachte ich innerlich. Laut sagte ich: „*Danke für das Angebot, aber mein Entschluss steht fest, nach alledem, was ich als Gefangene erleiden musste, welchen Intrigen und Schikanen ich ausgesetzt wurde, gibt es für mich kein Zurück mehr!*" Ich wusste außerdem, dass dies alles leere Versprechungen sind und keine davon eingehalten würden. So ist es einem mir bekannten Arztehepaar gegangen. Sie hatten den Versprechungen geglaubt. Als sie draußen waren, erfüllte sich nichts, sondern sie mussten ihre Heimat verlassen und wurden in einen ganz kleinen Ort nach Mecklenburg-Vorpommern verfrachtet - die Universitätskarriere des Mannes war dahin.

Sofort änderte sich der Ton und er blaffte mich an: „*Gut, wie Sie wollen, dann sitzen Sie eben die ganze Strafe ab und Ihre Kinder werden Sie nicht mehr erkennen!*" Barsch wurde ich aufgefordert, mich zu erheben und zu gehen. Das war Folter, reiner Psychoterror!! Mein Herz klopfte wie wild, als ich den Raum verließ. War es richtig, dass ich das Angebot abgelehnt hatte? Würde ich jetzt wirklich meine volle Zeit absitzen müssen, ich wusste, sie sitzen am langen Hebel. Der Gedanke, meine Kinder wirklich erst in fast 5 Jahren wiederzusehen, machte mich ganz krank.

Ein aufmunternder Blick meiner Frau Meisterin beruhigte mich etwas. Ich spürte, dass sie mir wohlgesonnen war.

Doch die Sorge blieb: Was würde Ralf antworten, wenn sie ihm dieselbe Frage stellen würden?

Wir waren uns zwar sicher, dass jeder von uns bei solchen Angeboten fest bleiben würde, doch kann man dafür bürgen? Vielleicht verändern die Haftbedingungen und der enorme seelische Druck einen Menschen so, dass er „schwach" wird…?

Ein Schokohase als Liebesbote

Ich hatte nach Ostern 1977 wieder eine Sprecherlaubnis mit meinem Mann und war schon Tage vorher aufgeregt. Mein Mann war in Bautzen als Gefangenenarzt tätig. Er sagte mir später, als ich ihm von meiner Haft erzählte, dass ihm derartige Intrigen und Gehässigkeiten, wie ich sie erlebt habe, nicht passiert seien. Auch seien die männlichen Polizisten nicht so intrigant, wie ich es bei den weiblichen erlebt habe. Wahrscheinlich ist doch etwas dran, dass sich Männer eher durch Kraft behaupten und Frauen, das sog. schwache Geschlecht, durch Intrigen und andere Gehässigkeiten.

Als der Tag kam, wurde ich wie gewohnt mit einer Polizistin zum „Sprecher" geführt. Da saß mein Mann, Meter von mir entfernt, am anderen Ende des überlangen Tisches. Und so konnten wir uns nur mit Blicken liebkosen und versuchen, all das hineinzulegen, was nicht gesagt werden konnte, nicht gesagt werden durfte…

Das Wachpersonal verfolgte jede unserer Gesten und Worte, deswegen konnten ganz persönliche Dinge nicht ausgesprochen werden. Doch hatten wir tatsächlich gelernt, uns mit Blicken zu verständigen. Ralf sagte betont ruhig und ohne Emotion: *„Ach Christa, hier habe ich Dir einen Osterhasen mitgebracht, ich wollte ja vor Ostern bei Dir sein, aber es klappte nicht, deshalb ist die Schokolade nicht mehr so frisch, Du musst ihn zuerst essen. Die andere Schokolade habe ich erst jetzt gekauft, die kannst Du später essen."*

„Es ist gut", Ralf, sagte ich, ich hatte verstanden, dass der Osterhase etwas Besonderes war... Wir sprachen dann noch über unsere Kinder, was jeder erfahren hatte, und ganz schnell war die halbe Stunde vorbei und der Abschied war immer so entsetzlich schwer.

Der Gedanke, dass ich den Osterhasen zuerst essen sollte, ging mir nicht aus dem Kopf. Aber konnte ich das tun, ohne dabei beobachtet zu werden? Es ergab sich, dass ich allein auf dem bestimmten Örtchen war, und schnell habe ich den Osterhasen ausgepackt und vorsichtig den Kopf abgebrochen: Und siehe da, ein Stück Watte kam mir entgegen und darin ein Zettel versteckt, auf dem geschrieben stand: ***„Vorsicht, keine Entlassung in die DDR!"***

Also hatte man Ralf auch bearbeitet, und er war standhaft geblieben. Das hat mich richtig stolz gemacht, dass wir beide zu unserem Versprechen gestanden sind! Als ich die eine Tafel Schokolade öffnete, stand darin: ***„Bitte erst den Osterhasen essen!"*** Er hatte sicher mit Recht Sorge, dass etwas schief gehen könnte. Später hat er mir erzählt, wie schwierig es war, diesen Osterhasen zu präparieren. Das Papier um den Osterhasen musste so glatt sein, dass kein Verdacht aufkam. Als der Zettel drin war und mein Mann den Osterhasen schüttelte, raschelte es. Also öffnete er den Osterhasen ein zweites Mal, stellte ihn auf die Heizung, öffnete ihn vorsichtig, wickelte das Papier in die Watte und verstaute das Ganze wieder im Bauch des Osterhasen, bevor er ihn sorgfältig wieder einwickelte. Er hatte das so gut gemacht, dass von außen nichts zu sehen war. Darüber bin ich heute noch sprachlos. Wie unglaublich toll hast Du das gemacht, lieber Ralf!!! Nicht auszudenken, wenn die begleitenden Polizisten, wie es oft geschah, die Schokolade aufgemacht hätten, um zu prüfen, dass nichts versteckt war!

Gefahr lauert überall

Eines Tages fehlten in der Haft-Apotheke wichtige Medikamente, die ich zur Behandlung benötigte. Ich bat Frau Meisterin, die fehlenden Medikamente zu besorgen. Sie wolle das gerne für mich tun, sagte sie, sie habe aber gerade keinen Beutel dabei.

Ich hatte in Hoheneck einen Beutel von einer Mitinhaftierten geschenkt bekommen, das war zwar verboten, aber gelegentlich wurden solche Dinge herausgeschmuggelt. In diesem Beutel verwahrte ich meine Fotos und Briefe.

Ich habe mir nichts dabei gedacht und sagte: *„Frau Meisterin, schließen Sie meine Zelle bitte auf, ich gebe*

Ihnen meinen Beutel!" Sie war sehr froh und besorgte die Medizin. Danach gab sie mir den Beutel zurück.

Am nächsten Morgen war sie ganz verzweifelt, so kannte ich sie gar nicht. „Schnabel", rief sie aufgeregt, „sie hätten mich heute beinahe nicht hereingelassen, weil ich meinen Ausweis nicht dabei hatte, der muss im Gesundheitswesen, hier in meinen Räumen sein. Ich kann das gar nicht verstehen. Wir müssen ihn suchen!" Alle Kästen wurden durchsucht, ich durfte selbst mit helfen, aber der Ausweis fand sich nicht. Völlig verstört ging sie nach Hause, in der Hoffnung, ihn dort zu finden.

Am nächsten Morgen war sie kaum ansprechbar, mit zittriger Stimme sagte sie: *„Schnabel, wir müssen noch einmal genau suchen, zu Hause ist er nicht! Wenn ich ihn nicht finde, gibt es ein Verfahren,....und dann bin ich raus aus meinem Beruf!"*

Plötzlich kam mir der rettende Gedanke. *„Frau Meisterin"*, sagte ich, *„schließen Sie ganz schnell meine Zelle auf, ich muss da hinein!"* Sie tat es, ich suchte den Beutel, und darin war ihr Ausweis, den sie beim Holen der Medikamente hineingelegt hatte.

Wie viele Steine uns da von der Brust gefallen sind – so groß war die Erleichterung!

Ich dachte an Hoheneck, wie häufig und unverhofft das Aufsichtspersonal in unsere Zellen ging, während wir zur Arbeit waren - wie sie als Schikane alle unsere Sachen aus unseren Spinden auf einen großen Haufen warfen, aus denen jede ihre sieben Sachen nach der Arbeit suchen musste. Und das bei 24 Gefangenen!! Wenn in meiner Zelle so eine Razzia stattgefunden hätte, und sie fand ja auch hier statt, und sie hätten den Ausweis gefunden, wäre mir ein zweites Verfahren angehängt worden. Man hätte mir unterstellt, ihn gestohlen zu haben, um meine Flucht vorzubereiten. Schwerlich hätte die mir wohlgesonnene Frau Meisterin mich verteidigen können, da sie mit einer Strafgefangenen strenggenommen gar keinen persönlichen Kontakt haben darf, um nicht selbst ihre Entlassung zu riskieren. Uns haben hinterher die Hände gezittert und sie hat zu mir gesagt: *„Das darf niemand erfahren, Sie müssen das für sich behalten...* und dankbar fügte sie hinzu: *„Ihr Schweigen darüber vergesse ich Ihnen nie!"* Da habe ich das zweite Mal einen Schutzengel gehabt, der das Schlimmste verhindert hat. Auch jetzt noch, während ich meine Erinnerungen daran niederschreibe, geht mir das Grauen durch Mark und Bein.

Briefe aus dem Westen

Noch konnte ich es mir nicht erklären, warum ich plötzlich Briefe aus dem Westen bekommen durfte. Aber es war natürlich eine große Freude, etwas von meiner Schwester und meiner Mutter zu erfahren, wusste ich doch, dass sie beide sehr litten und alles tun wollten, um uns frei zu bekommen. Mein Schwager war sofort nach Westberlin zu Rechtsanwalt Stange gefahren, als er von unserer Inhaftierung erfuhr, um die nötigen Wege einzuleiten. Er hat erreicht, dass wir RA Dr. Vogel als Verteidiger bekamen, bzw. einen Vertreter von ihm, damit die Ausweisung eingeleitet werden konnte. Doch darüber wussten wir in der Haft nichts.

Nach 2,5 Jahren bekam ich den ersten Brief von meiner Schwester, die Freude war riesengroß! Jedes Wort und jeden Satz habe ich mehrmals gelesen, um versteckte Informationen zu erfahren. Nun war es ein Glück, dass wir uns als Zwillinge sehr gut kannten und sehr gut *zwischen* den Zeilen lesen konnten. Diese waren jedoch für die Prüfer nicht zu erkennen.

Der Sohn meiner Schwester, 1977 sechs Jahre alt, kam in die Schule. Sie schrieb mir unverfänglich, dass Tante Adelheid auch zur Einschulung komme. Da sie jedoch sehr alt und gebrechlich sei, sei es sehr schwer gewesen, sie zu überreden, aber jetzt habe sie zugesagt. Mein Herz klopfte, es gab keine Tante Adelheid. Doch Adelheid war der zweite Name meiner Schwester, also konnte sie damit nur mich gemeint haben! Der Satz *„Es war sehr schwer"* sagte alles. Ich konnte die Nacht kaum schlafen, Tränen rollten mir beim Lesen über die Wangen. Sollte es Wirklichkeit werden, dass wir noch bis September 77 frei wären, um an der Einschulung teilzunehmen? Dann wären wir 3 Jahre in Haft gewesen, eine sehr lange Zeit. Manchmal glaubte ich, es nicht mehr zu ertragen. Immer begleitete mich die Angst, dass die Hoffnung umsonst sei und wir vielleicht gar nicht mehr in den Westen kämen... Wir konnten uns nie sicher sein, es konnte immer anders kommen, die Staatssicherheit war unberechenbar.

Der erste Schritt in die Freiheit

Doch es wurde Wirklichkeit... und deutete sich rückblickend durch einige Merkwürdigkeiten an:

So verabschiedete sich - wenige Tage vor meiner (mir noch nicht mitgeteilten) Entlassung - plötzlich meine Frau Meisterin von mir und erklärte, sie würde nun einige Tage Urlaub nehmen, um ihre Wohnung zu renovieren. Das wunderte mich sehr, denn wir hatten im Augenblick sehr viel zu tun und ich wollte gerade zu diesem Zeitpunkt ungern auf sie verzichten. Später teilte mir ihre Freundin, auch eine Frau Meisterin, bei meiner Entlassung flüsternd mit: *„Einen schönen Gruß von Frau Meisterin und sie wünscht Ihnen alles Gute!"* Wahrscheinlich war es ihr zu schwer gefallen, mich zu verabschieden. Außerdem durfte ja keine Sympathie zwischen Strafgefangenen und Aufseherinnen bestehen. Doch sie bleibt mir bis heute in guter Erinnerung: Sie war eine gute Seele und hatte viel Verständnis für uns Gefangene. Und sie unterstützte mich, soweit ihr das möglich war. Das gab es ganz selten und habe ich sonst nicht erlebt. Wie unsagbar tröstlich menschliche Wärme in der Hölle ist, auch wenn sie nur von einem einzigen Menschen kommt, das kann ich gut bezeugen.

Eines Tages hieß es erneut: *„Strafgefangene Schnabel,* **Sachen packen, schnell!"** Frau Oberst, die mich anfangs so schikaniert hatte, verabschiedete mich ungewöhnlich freundlich, ich traute meinen Ohren kaum. Vielleicht wollte sie, falls ich später einmal etwas zum Personal im

DDR-Gefängnis sage, einen letzten guten Eindruck hinterlassen.

Ich wurde mit der „Minna", dem Wagen, wo man nicht nach draußen schauen kann, in die **Erich-Kästner-Straße**, ein anderes Gefängnis, gefahren. Dort stiegen noch andere inhaftierte Frauen zu. Wir fuhren zum Leipziger Hauptbahnhof, dort wurde ich wieder wie eine Schwerverbrecherin angekettet.

Wieder begann die Tortur in den engen Zugabteilen, wo man sich kaum rühren konnte. Wir waren über 16 Stunden unterwegs, als wir in **Karl-Marx-Stadt** ankamen. Mir schoss der Gedanke ein: Ist das jetzt das letzte Gefängnis, das ich kennenlernen muss? Davor war ich in sechs verschiedenen:

1: Staatssicherheitszuchthaus Berlin- Hohenschönhausen

2 und 3: Gera, zwei verschiedene Zuchthäuser

4: Gefängnis Hoheneck

5 und 6: Leipzig, Gefängnis in der Erich Kästner Straße und Gefängnis in der Beethovenstraße

Und nun Zuchthaus Nr. 7: Stasigefängnis Karl-Marx-Stadt

Letzte Station

Als wir mitbekamen, dass wir in Karl-Marx-Stadt waren, konnten wir es kaum fassen. Wir waren alle in leicht gehobener Stimmung, jedoch immer noch misstrauisch, weil wir wussten, dass auch hier nicht immer alles glatt lief und manche Häftlinge wieder zurück in Gefängnisse der DDR gebracht werden konnten.

Abends, als Nachtruhe angesagt und es bereits stockdunkel war, begann ein Rufen von Namen, jeder wollte wissen, ob sein Partner auch anwesend war. Die Männer waren im selben Gebäude, jedoch in anderen Räumen untergebracht.

Ich hatte mir Gedanken gemacht, wie schön es wäre, wenn ich und Ralf gleichzeitig im Westen wären, gemeinsam ließ sich ein Neuanfang leichter bewältigen. Während ich meinen Gedanken nachhing, hörte ich plötzlich durch die Wände hindurch meinen Namen rufen. Unverkennbar, das war Ralfs Stimme! Er hatte den Mut, meinen Namen so laut zu rufen, das hätte ich mir nicht getraut. Noch einmal rief er meinen Namen, ich sollte es unbedingt hören. Mein Herz klopfte wie wild, sollte es wirklich Gottes Wille sein, dass wir gemeinsam die Reise in die Freiheit antreten? Ich konnte lange nicht einschlafen. Wie lange würde es dauern, bis wir frei sind? Endlich frei!

In den nächsten Tagen gab es noch einmal harte Vernehmungen. Fragen, die mir schon am Anfang gestellt wurden. Warum ich die DDR verlassen wollte. Alle Gründe musste ich noch einmal aufzählen. Ich dachte: *„Warum da*s? *Fängt jetzt wieder alles von vorne an? Habe ich alles noch so in Erinnerung, wie ich es vor drei Jahren gesagt habe?"* Höchste Konzentration war erforderlich, damit ich nichts Falsches sagte, wo sie mich hätten in die Enge treiben und nachbohren können. Ich war sehr verunsichert und auf der Hut.

Doch dann kam die Frage: *„Sie wollen immer noch in die Bundesrepublik entlassen werden?"* „Ja!", sagte ich, so deutlich und überzeugt ich nur konnte. Er darauf: *„Gehen Sie nur, in ein paar Jahren ist ganz Deutschland in unserer Hand!"* Ich schwieg, was sollte ich dazu sagen, auch wenn mir auf der Zunge lag, *„hoffentlich nicht, und wenn, dann wandere ich vorher nach Österreich oder in die Schweiz aus!"* Aber das dachte ich nur. Ich bestand noch darauf, dass mir versichert wurde, dass unsere Kinder so schnell wie möglich ausgeliefert werden. Am liebsten hätte ich sie zu diesem Zeitpunkt schon bei mir gehabt, doch das ging leider nicht.

Nach dem kurzen Gespräch wurde ich wieder in meine Zelle zu den anderen inhaftierten Frauen gebracht.

Der Umgangston war hier ein anderer, auch wir waren anders, nicht mehr ganz so verängstigt, eher so wie am Beginn unserer Inhaftierung. Wir fühlten die Nähe der Freiheit, mussten bloß noch unsere neu aufgekeimte Freude beherrschen und unsere Zweifel besiegen. Nichts war hier sicher, und doch...

Wir bekamen unsere Privatsachen zurück, und schon fühlte ich mich wieder wie ein zivilisierter Mensch! Wir waren inzwischen alle etwas mutiger geworden. Bisher wurden bei einem Transport immer die Männer zuerst zum Bus geführt. Ich meinte, das sollte diesmal anders sein. Also sprach ich den Leutnant an, als er einmal unsere Zelle aufschloss. *„In der DDR gilt doch die*

Gleichberechtigung. Warum werden denn dann immer die Männer zuerst zum Bus geführt und nicht die Frauen? Ich möchte gern, dass diesmal die Frauen zuerst in den Gefängnishof gebracht werden." Er sagte nichts, aber mir war, als ob er schmunzelte. Und tatsächlich, am Tag unserer Freilassung wurde unsere Zelle zuerst aufgeschlossen, und wir wurden unter Polizeibewachung zum Gefängnishof gebracht, wo zwei große Mercedes-Busse auf uns warteten. Mir zitterten die Knie, ich stieg als erste in den Bus ein und setzte mich auf die erste Reihe rechts, den Fensterplatz hielt ich für Ralf frei.

Nachdem alle Frauen in die Busse eingestiegen waren, kamen die Männer. Der Leutnant hatte also meinen Wunsch wirklich erfüllt. Ralf kam als einer der ersten und wir strahlten beide. Er sah sehr blass und abgemagert aus, doch das störte mich jetzt nicht, ich sah ja auch nicht anders aus, hatte zudem lange, ungepflegte Haare. Wir hatten ja keinerlei Möglichkeit, die Haare zu schneiden oder sie zu frisieren. Einen Spiegel gab es nicht. Drei Jahre lang wussten wir nicht, wie wir aussehen. Ich erinnere mich nur an einen Ausspruch eines Vernehmers, der gehässig zu mir sagte: *"Wenn Sie Ihr Mann jetzt sehen könnte, hätte er sie nicht geheiratet."* Innerlich lachte ich über seine demütigenden Worte, als ob nur das Äußere eine Rolle spielt. Doch stand ich so unter psychischen Stress, dass ich keine schlagfertige Antwort parat hatte.

Wir waren unsagbar glücklich und hielten uns fest an den Händen, jetzt sollten wir uns nie mehr verlieren. Es war wie ein Neubeginn, wie ein zweites Kennenlernen, denn die jahrelange Trennung und die schlimmen Erlebnisse dieser Zeit hatten bei uns beiden Spuren hinterlassen. Doch das gemeinsame Schicksal verband uns auch: Wir fühlten, dass uns jetzt nichts mehr trennen könnte.

Der Bus fuhr los und wir wollten alle unseren Gefühlen freien Lauf lassen, aber der Busfahrer warnte und beschwor uns: *„Noch sind wir im Niemandsland, warten Sie, bis wir über die Grenze sind!"* Es war so schwer, sich zu beherrschen. Dann fuhren wir über die Grenze, und ein Jauchzen ging los, wie es keiner zuvor jemals gehört hatte. Doch wir konnten auch unsere Tränen nicht zurückhalten. Und das ging vielen so, auch die Männer ließen ihren Tränen freien Lauf. So viel hatte sich angestaut, der ganze Schmerz, die ganze Erleichterung brach sich Bahn.

Wir fuhren auf einen Parkplatz, auf dem auch Rechtsanwalt Dr. Vogel stand, der dem Bus mit seinem eigenen Mercedes gefolgt war. Ich sagte zu Ralf: *„Schau, da draußen steht Vogel!"* Ralf fragte erstaunt: *„Woher kennst Du ihn? War er mal bei Dir?" „Nein!", sagte ich, aber ich habe ihn im Traum gesehen und das ist er!"*

Genau in diesem Augenblick ging die Bustür auf, und Dr. Vogel kam auf mich zu und sagte mir ins Ohr, ganz leise: ***„Es war sehr schwer, Sie beide rauszubekommen, grüßen sie bitte Herrn Reinhold!"*** Herr Reinhold war Jurist bei Siemens und hat sich sehr für politische Häftlinge eingesetzt, nachdem er seine Verwandten herausgeholt hat. Wir sind ihm immer noch sehr dankbar.

Auf dem Parkplatz stand auch noch das Rote Kreuz. Von den Mitarbeitern wurden wir mit belegten Brötchen und Saftpäckchen, an denen ein Strohhalm klebte, versorgt. Aber wir waren ja von der Zivilisation total abgeschnitten und so wir wussten nicht, wie wir mit den Strohhalm aus den westdeutschen Päckchen trinken sollten. So etwas hatte es in der DDR nicht gegeben. Der Busfahrer, der unsere Unsicherheit bemerkte, klärte uns freundlich auf. Jetzt muss ich lachen, wenn ich daran denke, wie unbeholfen und unsicher wir waren. Es können sicher nur die Menschen nachfühlen, die etwas Ähnliches erlebt haben. Später in Freiheit, als wir ein knappes Jahr in München lebten, waren wir von den vielen Geschäften und dem Verkehr völlig überfordert. Wir trauten uns anfangs gar nicht über die Straße und waren nach einem Vormittag in der Stadt völlig geschafft. Ich glaube, es dauerte ein ganzes Jahr, bis wir allmählich stabiler wurden und mehr Selbstvertrauen entwickelten.

Ein Missverständnis

Gegen Abend trafen wir im Notaufnahmelager in **Gießen** ein. Während ich gerade aussteigen wollte, kam ein Herr im dunkelgrünen Anzug auf mich zu, begrüßte mich mit Namen und sagte: *„Kommen Sie bitte mit zu meinem Auto!"* Ich war baff erstaunt. Woher kannte er meinen Namen? Schnell sagte ich: *„Nicht ohne meinen Mann!"* Er erwiderte: *„Ja, selbstverständlich."*

Ich war misstrauisch. Schlagartig ging mir durch den Kopf, dass ich von der Stasi informiert worden war, dass wir in Gießen auch vom Bundesgrenzschutz vernommen werden sollten. Das würde auch kein Zuckerschlecken. Ich hatte naiv nachgefragt, woran ich den Bundesgrenzschutz denn erkennen würde. Die Antwort lautete: *„Sie tragen dunkelgrüne Anzüge und fahren grüne Autos."*

„Aha", dachte ich, dann ist das der Bundesgrenzschutz, der Dich in Empfang nimmt. Voller Angst stieg ich gemeinsam mit meinem Mann in das grüne Auto, und er fuhr los. Doch der Fahrer war so liebenswürdig, dass ich meine Angst bald verlor. Wir fuhren zu einem Hotel „Steinsgarten". Und da klärte sich plötzlich alles auf, durch einen kleinen 6-jährigen Jungen, der dem Auto entgegenrannte und mir „Tante Christa!" entgegenrief. Mein kleiner Neffe stand vor mir, dessen Schulanfang ich miterleben durfte! Dahinter kamen mir meine Schwester und ihr Mann entgegen. Und der liebenswürdige Herr, der uns ins Hotel gebracht hatte, war niemand anderes als Herr Reinhold! Er hatte uns im Auftrag meiner Schwester und meines Schwagers überraschen wollen. Er hatte natürlich nicht geahnt, was er mir für einen Schrecken eingejagt hatte. Wir verdanken dem Ehepaar Reinhold sehr viel: Sie haben sich sehr für uns eingesetzt, so dass wir nicht unsere volle Haft absitzen mussten. Gemeinsam mit dem Ehepaar Reinhold, meiner Schwester und meinem Schwager verbrachten wir einen mir bis heute unvergesslichen Abend. Da wir den festlichen Anlass unseres ersten

Abends in wiedererlangter Freiheit feiern wollten, stießen wir mit Sekt an. Mein Mann und ich bekamen einen tüchtigen Schwips, waren wir doch keinen Alkohol mehr gewöhnt - doch das war es wert!

Übernachtung im Hotel

Die zweite große Überraschung erwartete uns, als wir in unser Hotelzimmer gingen. Meine Schwester und ihr Mann wollten uns nicht im Notaufnahmelager schlafen lassen, wir sollten es gemütlich und geborgen haben nach den schlimmen Jahren im Gefängnis. Auf den Betten hatten sie zur Begrüßung liebevoll Seife, Waschlappen, Zahnbürste, ein Nachthemd und viele andere liebevolle Kleinigkeiten drapiert. Uns kamen die Tränen. Wir waren völlig überwältigt. Diese erste Nacht wird mir ewig in Erinnerung bleiben. Wir konnten erstmals unbeobachtet und in Ruhe sprechen, und in dieser Nacht haben wir uns vieles gelobt und unser Wiedersehen so unendlich dankbar empfunden.

Formalitäten regeln

Am nächsten Tag mussten wir in das Notaufnahmelager Gießen, dort bekamen wir neue Kleidungsstücke geschenkt, da uns unsere Kleider alle zu weit geworden waren. Ich suchte mir einen hellbeigen Hosenanzug aus und fühlte mich wie neugeboren.

Die Gespräche, die wir dort führten, waren sehr angenehm und nicht belastend. Ich gab noch Namen von mitinhaftierten politischen Gefangenen an, die dringend auf einen Freikauf durch die Bundesregierung hofften.

Dann ging es in die Heimatstadt meines Schwagers und meiner Schwester: nach München!

Ubi bene, ibi patria

„Wo es mir gut geht, dort ist meine Heimat, dort ist mein Vaterland!" Wie oft hat mein Mann diesen lateinischen Spruch zitiert. Er wollte unter diesem Titel seine Biographie schreiben. Leider hat das sein plötzlicher Tod im Jahre 2003 verhindert. Der Ort, an dem es uns gut ging und der uns zur ersten Wahlheimat wurde, war München. Die Familie meiner Schwester hat uns liebevoll aufgenommen, bis wir ein eigenes Zuhause gefunden hatten. München habe ich als bezaubernde Stadt empfunden, die Menschen als sehr freundlich und aufgeschlossen. Auch die Ämter, in denen wir uns nach unserer Haft vorzustellen hatten, waren sehr freundlich und hilfsbereit.

Leider fand jedoch mein Mann in München keine geeignete Stelle, so dass wir schließlich quer durch die Bundesrepublik zu Freunden reisten, um mögliche Stellen für meinen Mann zu prüfen. Mein Mann wollte sehr gern wieder in seinem alten Beruf arbeiten, in dem er viel Erfahrung gesammelt und auch viel veröffentlicht hatte. Ich hätte zwar eine Stelle in München an der Universität bekommen können, doch verzichtete ich meinem Mann zuliebe. Er sollte einen guten Platz für sich finden, für mich würde sich dann an diesem Ort sicher auch eine berufliche Möglichkeit ergeben.

Wo bleiben die Kinder?

Jeder Tag, den wir in Freiheit verbrachten, bedeutete für uns ein unbeschreibliches Hochgefühl. Wir konnten es oft gar nicht fassen, zumal die Eindrücke, gerade in einer Großstadt wie München, unvergleichlich waren! Es stürmte soviel Neues und Ungewohntes auf uns ein, dass wir es manchmal gar nicht verarbeiten konnten. Es war zu viel: Zu viele Menschen, zu viele Läden, zu viel Auswahl, zu viele Angebote! Die Jahre der absoluten Isolation hatten das Ihrige dazu beigetragen. Mein Schwager und meine Schwester wollten uns aus lauter Freude so viel zeigen, wir fuhren in die bayerischen Berge in herrliche Restaurants mit Panoramablick, doch wir konnten die vielen neuen Eindrücke gar nicht verarbeiten, unsere Seelen kamen nicht mit. Das ist uns erst viel später klar geworden. Im Rückblick hätte uns der ganz normale Alltag gereicht, wir mussten uns ja erst wieder an das neue Leben in Freiheit gewöhnen. Ich erinnere mich gut daran, wie ich regelmäßig mit meinem Mann zum Bahnhof fuhr, um dort ein Hühnchen zu essen, einmal hatte ich „Broiler" bestellt, so nannten wir in der DDR das Hühnchen. Damit habe ich die Verkäuferin ganz schön in Verlegenheit gebracht.

Die Sehnsucht nach unseren beiden Kindern wurde immer größer. Man hatte uns versprochen, sie spätestens in 6 Wochen zu uns zu schicken. Nun war es schon November und immer noch keine Ankündigung!

Unsere Angst wurde immer größer. Wir wussten, dass sich die Staatssicherheit der DDR sehr häufig nicht an ihre Zusagen hielt. In meiner Not schrieb ich einen Brief an das Ministerium der DDR mit der Bitte, die Kinder von einer **Rentnerin aus dem Westen** holen zu lassen. Diese Bitte wurde schriftlich von der Regierung der DDR abgelehnt. Daraufhin schrieb ich einen zweiten Brief, mit der Bitte, die Kinder mit einer **Rentnerin aus der DDR** zu überführen. Erneut erhielten wir eine Ablehnung, auch diesmal ohne Begründung. Wir waren verzweifelt. Was sollten wir noch tun? Und warum ließen sie uns so lange warten? Welche Absicht steckte dahinter?

Inzwischen war schon Ende November. Über drei Monate waren vergangen. Ich sagte zu meinem Mann: *„Jetzt reise ich selbst in die DDR und hole unsere Kinder!"*

Doch es gab da ein Problem. Da wir von unserer Strafe von 4 Jahren und 8 Monaten nur 3 Jahre abgesessen hatten, erhielten wir von der DDR eine Bewährung, d.h. wenn wir uns innerhalb der DDR etwas zu Schulden kommen lassen würden, sei es bei einem Verkehrsunfall oder einem anderen Delikt, müssten wir die Reststrafe auch noch absitzen. In der Bundesrepublik waren wir rehabilitiert. Trotzdem war ich fest entschlossen und schrieb einen Brief an die Freundin, bei der die Kinder waren. Darin führte ich aus, dass ich die Kinder holen würde, wenn sie nicht in 14 Tagen bei uns wären. Wenn mir irgendetwas zustoßen würde, würde mein Mann die hiesige Regierung informieren und dafür sorgen, dass unsere Geschichte in allen wichtigen Zeitschriften, wie BILD etc. publiziert würde.

Nachdem der Brief abgeschickt war, fuhren wir nach Hamburg. Dort wollte mein Mann mit Kollegen wegen einer möglichen Anstellung sprechen.

Als wir abends müde und erschöpft von den vielen Bewerbungsgesprächen mit Kollegen zu unseren Hamburger Freunden heimkamen und klingelten, begrüßten sie uns gar nicht, was völlig ungewöhnlich war, sondern riefen stattdessen ganz aufgeregt: „**Die Kinder kommen!**" Das war so hastig und aufgeregt gesagt, dass wir gar nichts verstanden.

Als wir uns gesetzt hatten, teilten sie uns dann in Ruhe mit, dass die Pflegemutter unserer Kinder aus der DDR in München bei meiner Schwester angerufen hatte, um ihr den Ankunftstermin unserer Kinder im Westen mitzuteilen. Meine Schwester hatte daraufhin sofort bei unseren Hamburger Freunden angerufen, um uns diese frohe Botschaft gleich persönlich zu überbringen.

Wie wir später erfuhren, war mein Brief nie in die Hände der Pflegemutter gelangt, sondern die Stasi hatte ihn einbehalten. Es wurde ja jede Post von ehemaligen politischen Häftlingen, die in der DDR ankam, von der Stasi geöffnet. So hatte meine Taktik doch Erfolg gehabt. Die DDR-Führung hatte Angst bekommen, sie wollten offenbar die von mir angedrohte Publikation unseres Schicksals in den westlichen Medien um jeden Preis vermeiden. Ich weiß nicht, ob wir ohne diesen Schachzug unsere Kinder zu diesem Zeitpunkt schon wiederbekommen hätten. Oder ob wir sie überhaupt wiedergesehen hätten. Denn es kam durchaus vor, dass die Kinder von DDR-Flüchtlingen zur Adoption freigegeben wurden und bei kinderlosen, DDR-konformen Paaren in der DDR aufwuchsen.

Mein Brief hatte Wirkung gezeigt! Plötzlich ging alles ganz schnell. Wie ich später erfuhr, war die Stasi ganz überraschend zur Pflegemutter unserer Kinder gekommen. Die **Kinder müssten weg,** sie solle innerhalb von 24 Stunden die Koffer packen. Offenbar wollten sie meine Einreise verhindern. Das war typisch für die Stasi – erst ließen sie uns zappeln, dann musste alles übers Knie gebrochen werden!

Bestimmt war das war für die Patentante und unsere Kinder sehr schwer, so plötzlich, ohne jede Vorbereitung, voneinander Abschied zu nehmen, war doch in den drei Jahren eine starke Bindung zueinander gewachsen. So sehr wir uns auf die Kinder freuten, so hätten wir ihnen diesen plötzlichen Abschied von ihrer Patentante und umgekehrt gern auf eine schonendere Weise ermöglicht. Doch wir hatten leider keinen Einfluss darauf.

Sofort beendeten wir unseren Aufenthalt in Hamburg und fuhren wieder zurück nach München, um gleich am nächsten Tag den Frühzug nach Gießen zu nehmen, wo die Kinder ankommen sollten.

Wiedersehen im Zug in Gießen

Mit klopfenden Herzen fuhren wir nach Gießen. **Werden unsere Kinder wirklich im Zug sitzen?** Wer begleitet sie? Immerhin waren sie erst 8 und 12 Jahre alt. Konnten wir der DDR trauen, nachdem wir vorher die zweimal Absagen bekommen hatten? Werden die Töchter uns überhaupt erkennen? Wie werden sie uns begegnen? Diese und andere Fragen gingen uns durch den Kopf. Ralf besprach sich mit dem Bundesgrenzschutz und wir schilderten die Situation. **Der Bundesgrenzbeamte versprach uns, im Zug nachzufragen, ob beide Kinder in dem angekündigten Zug sitzen.** Es dauerte für uns eine endlose Zeit, bis er uns mit ernstem Gesicht mitteilte, die Zugbegleiter der DDR gäben keine Auskunft. Typisch, dachte ich, bis zuletzt Ungewissheit und Psychoterror!! Nicht zu schildern, welche Gefühle diese Antwort bei uns auslöste. Doch der westliche Beamte verstand unsere Not, dafür bin ich ihm heute noch dankbar. Er sagte: *„Machen Sie sich keine Gedanken, wir überprüfen, ob Ihre Kinder im Zug sind oder nicht. Der Zug wird gesperrt, es darf keiner ein- und keiner aussteigen!"* Da es zwei verschiedene Zugrichtungen waren, einer fuhr nach München, der andere nach Nürnberg, fügte er noch hinzu: *„Am besten, Sie teilen sich auf, einer von Ihnen geht durch den Münchner Zug durch, der andere durch den Nürnberger. So können wir ganz sicher sein, ob die Angaben stimmen und Ihre Kinder im Zug sind!"* So haben wir es auch gemacht. Ich bin die Wagen abgelaufen, die nach München fuhren. Es waren viele! Ich schaute in jedes

Abteil, doch ich konnte unsere Kinder nicht entdecken! Die Aufregung wuchs immer mehr. Erst im allerletzten Zugabteil saßen beide allein, umgeben von fremden, ihnen unbekannten Rentnerinnen. Ganz ohne vertraute Begleitung waren sie während der ganzen Fahrt allein auf sich gestellt im Zug gesessen. *Was mussten unsere beiden Lieben für Ängste ausgestanden haben! Sie wurden in einen Zug verfrachtet, der nach Gießen fuhr. Waren sie sicher, dass dort auch wirklich ihre Eltern auf sie warteten? Waren die Eltern zur rechten Zeit informiert worden?*

Ich weiß heute noch nicht, was beide und besonders meine Ältere empfunden hat. Tränen der Freude und Erleichterung auf beiden Seiten! Ich rief sofort meinen Mann - und es war der glücklichste Moment in unseren Leben! Selbst den Rentnerinnen im Abteil kamen die Tränen, als sie unser Wiedersehen nach dreijähriger Trennung hautnah miterlebten.

Wieder glücklich vereint

Gemeinsam fuhren wir nach München. Noch heute sehe ich die beiden Gesichter unserer Töchter vor mir und das erstaunt fragende unserer inzwischen achtjährigen Jüngsten: **„Du bist also meine Mami?"** Sie war ja bei der Trennung damals erst knapp fünf Jahre alt und hatte wohl kaum mehr Erinnerung an mich. Vielleicht hat sie sich einfach nochmals vergewissern wollen, dass ich wirklich die richtige bin.

Als ich meiner älteren Tochter abends „*Gute Nacht!*"
wünschte, sagte sie: **„Ich bin so froh, wieder bei Euch
zu sein!"** Diese Sätze sind mir immer gegenwärtig und
tief in meinem Herzen verankert.

Nachwort

Während ich diese Zeilen schreibe, fällt mein Blick auf ein Foto meiner Töchter, beide sind inzwischen verheiratet. Meine älteste Tochter hat selbst zwei Kinder im Teenager-Alter, eine Tochter und einen Sohn. Meine Enkelin wird in diesem Jahr volljährig.

Nach unserer Berentung und vielen Berufsjahren in Norddeutschland sind mein Mann und ich noch einmal an den Ort zurückgegangen, an den unsere Freiheit begann: nach München, in die unmittelbare Nähe meiner Schwester, die uns damals zusammen mit ihrem Mann und ihrem kleinen Sohn selbstlos aufgenommen hat.

Einige Jahre nach dem Tod meines Mannes habe ich dann 9 Jahre in Hamburg in der Nähe meiner ältesten Tochter und ihrer Familie verbracht. Vor einem Jahr bin ich in die Nähe meiner jüngsten Tochter und ihres Mannes wieder zurück gen Süden gezogen.

Veränderungen gehören zum Leben. Sind sie freiwillig gewählt, können sie oft eine Bereicherung sein. Die Jahre der Haft hätte ich mir und meinem Mann gerne erspart, den Kindern die jahrelange Trennung von ihren Eltern.

Doch ich kann, was geschehen ist, nicht rückgängig machen. Ich versuche zu sehen, was ich trotz allem auch gewonnen habe: Allem voran die Freiheit!

Ich kann heute sagen und tun, was meinen Werten entspricht. Und das gilt auch für meine Töchter und Enkelkinder.

Ich glaube, ich bin auch mutiger geworden. Ich habe das Kämpfen gelernt, wenn mir Dinge wichtig sind, dranzubleiben, mich nicht einschüchtern zu lassen. Diese Gabe ist mir zum Beispiel in der Begutachtung meiner Patienten und Patientinnen in der vertrauensärztlichen Dienststelle in Bielefeld sehr zugute gekommen. Ich habe ärztliche Maßnahmen durchbekommen, die sonst von den Krankenkassen abgelehnt werden. Ich habe manchmal auch unkonventionelle Behandlungsmethoden vorge-schlagen, z.B. eine Frau ohne Nestwärme zu einem Pfarrer in die „Therapie" geschickt. Ich habe mich in jedes noch so schwere Schicksal einfühlen können. Ich wusste und weiß, wie sich Verzweiflung anfühlt. Ich habe die Abgründe kennengelernt, Sadismus und Psychoterror eines knallharten Systems - aber auch die Ausnahmen: eine menschliche Aufseherin mit Herz im letzten Haftjahr, einen jungen Mann, der mir zum Lebensretter wurde, in dem er mir half, meine OP-Wunde mit Kochsalzlösung zu versorgen. Ihnen beiden bin ich zutiefst dankbar.

Ich habe die Erfahrung gemacht, wie wichtig Menschlichkeit ist, gerade in den dunkelsten Zeiten zeigt sie sich: das Echte und Unverfälschte, die Einfachheit, die Hilfsbereitschaft, wenn wir inhaftierten Frauen z.B. Paketinhalte miteinander geteilt und uns gegenseitig aufgebaut und getröstet haben. Wenn wir mit einem kleinen Kerzenstummel und ein paar selbstgemachten

Kleinigkeiten den Weihnachtstag begingen. Wenn wir beim Apell im baumleeren tristen Innenhof kleine mutmachende Botschaften austauschten.

Ich weiß heute noch mehr, was wirklich zählt: ideelle Werte, Begegnungen, das, was jeder in sich trägt und was ihm keiner nehmen kann, die inneren Schätze: Werte, Wissen, Lieder, gute Erinnerungen, Liebe, Glaube und Hoffnung!

Ich habe aber auch etwas anderes gemerkt, dass da eine spirituelle Kraft in mir lebt, von der ich zuvor gar nicht wusste, eine innere Stärke, die nicht von dieser Welt ist. Sie hat mir geholfen, all das Schlimme zu überstehen - und sie hilft mir auch heute noch.

Dr. Christa Schnabel, im September 2021

Danksagung

Meine Geschichte mitzuteilen und mich der schmerzhaften Vergangenheit zu stellen, hat mich viel Kraft gekostet. Doch war es auch befreiend, den eigenen Erlebnissen Ausdruck zu verleihen.

Bei meiner Niederschrift habe ich gespürt, wie vielen Menschen ich zutiefst dankbar bin. Besonders danke ich meinem Mann, der das große Wagnis der Flucht mit all den schlimmen Folgen mit mir gemeinsam auf sich genommen hat und unerschütterlich zu mir gestanden ist.

Meinen Töchtern danke ich von Herzen dafür, dass sie unser Schicksal mitgetragen und so viel Verständnis für unseren Weg aufgebracht haben. Meiner Schwester und meinem Schwager danke ich für ihren liebevollen und engagierten Einsatz für uns, sowohl in den Jahren unserer Haft als auch danach. Sie haben sich sehr dafür eingesetzt, dass unsere Haft verkürzt werden konnte und uns ein unvergessliches Willkommen in der Freiheit bereitet. Auch für die selbstlose Aufnahme in ihrem Zuhause sage ich aus ganzem Herzen Danke!

Meiner jüngeren Tochter danke ich vielmals für die zeitaufwendige und emotional herausfordernde Durchsicht und Überarbeitung des Manuskriptes.

Nicht zuletzt danke ich den mitinhaftierten Frauen, welche sich mir gegenüber freundlich verhalten haben, aber auch den zwei Menschen, die sich trotz ihrer Zugehörigkeit zum System ihr Mitgefühl bewahrt haben.

Zeitfracht Medien GmbH
Ferdinand-Jühlke-Straße 7
99095 Erfurt, Deutschland
produktsicherheit@kolibri360.de